PLANEJAMENTO 2e
Estratégico e Emocional

Neurociência do comportamento
criando engajamento na elaboração e execução
de um Plano Estratégico

Editora Appris Ltda.
1.ª Edição - Copyright© 2025 do autor
Direitos de Edição Reservados à Editora Appris Ltda.

Nenhuma parte desta obra poderá ser utilizada indevidamente, sem estar de acordo com a Lei nº 9.610/98. Se incorreções forem encontradas, serão de exclusiva responsabilidade de seus organizadores. Foi realizado o Depósito Legal na Fundação Biblioteca Nacional, de acordo com as Leis nos 10.994, de 14/12/2004, e 12.192, de 14/01/2010.

Catalogação na Fonte
Elaborado por: Josefina A. S. Guedes
Bibliotecária CRB 9/870

R696p
2025
	Rodrigues, Jose Ricardo
	    Planejamento 2e: estratégico e emocional: neurociência do comportamento criando engajamento na elaboração e execução de um plano estratégico / Jose Ricardo Rodrigues. – 1. ed. – Curitiba: Appris: Artêra, 2025.
	    175 p. ; 23 cm.
	
	    Inclui referências.
	    ISBN 978-65-250-7720-8
	
	    1. Planejamento estratégico. 2. Neuropsicologia. 3. Inteligência emocional.
	I. Título.
	
	    CDD – 658.4012

Appris editorial

Editora e Livraria Appris Ltda.
Av. Manoel Ribas, 2265 – Mercês
Curitiba/PR – CEP: 80810-002
Tel. (41) 3156 - 4731
www.editoraappris.com.br

Printed in Brazil
Impresso no Brasil

Jose Ricardo Rodrigues

PLANEJAMENTO 2e
Estratégico e Emocional

Neurociência do comportamento
criando engajamento na elaboração e execução
de um Plano Estratégico

Curitiba, PR
2025

FICHA TÉCNICA

EDITORIAL	Augusto V. de A. Coelho
	Sara C. de Andrade Coelho
COMITÊ EDITORIAL	Ana El Achkar (Universo/RJ)
	Andréa Barbosa Gouveia (UFPR)
	Jacques de Lima Ferreira (UNOESC)
	Marília Andrade Torales Campos (UFPR)
	Patrícia L. Torres (PUCPR)
	Roberta Ecleide Kelly (NEPE)
	Toni Reis (UP)
CONSULTORES	Luiz Carlos Oliveira
	Maria Tereza R. Pahl
	Marli C. de Andrade
SUPERVISORA EDITORIAL	Renata C. Lopes
PRODUÇÃO EDITORIAL	Adrielli de Almeida
REVISÃO	Stephanie Ferreira Lima
DIAGRAMAÇÃO	Luciano Popadiuk
CAPA	Eneo Lage
REVISÃO DE PROVA	William Rodrigues

*"Planos estratégicos brilhantemente desenvolvidos não conseguem ser
implementados corretamente e trazer os resultados propostos."*
(Larry Bossidy e Ram Charan – Execução: a disciplina para atingir resultados)

Assim, um Plano Estratégico sem execução é um simples relatório de boas intenções.

Este livro busca transmitir uma mensagem clara: "a integração de fatores emocionais e comportamentais no Planejamento Estratégico não é apenas desejável, é sim essencial para o sucesso organizacional a longo prazo".

AGRADECIMENTOS

Agradeço ao meu maior mestre em Planejamento Estratégico, **Alberto Pinto Coelho Jr.**, que me incentivou e acreditou na minha visão estratégica e disciplina quando eu ainda era jovem e inexperiente.

Agradeço aos mestres que me despertaram para a Neurociência do Comportamento e, como não terei espaço para nominar a todos, elejo aquele que me provocou e me desafiou a prosseguir nos estudos que me trouxeram até aqui: **Master Coach Ramiro Soares**.

Agradeço à minha família, **Beatriz**, **Érica**, **Fernanda**, **Antônio**, **Raphael** e **Lucca**, que depositam sua fé e respeito ao meu trabalho e me dão sentido em prosseguir diariamente.

APRESENTAÇÃO

Bem-vindos a uma jornada fascinante pelo mundo do Planejamento Estratégico, na qual exploraremos como os fatores emocionais e comportamentais moldam o sucesso organizacional. Este livro é um guia abrangente que une os princípios fundamentais da estratégia empresarial com os *insights* mais recentes da Neurociência do Comportamento e da Inteligência Emocional.

Destinado a líderes e gestores visionários, nosso objetivo é fornecer uma perspectiva inovadora sobre como criar e implementar estratégias que não apenas atendam aos objetivos de negócios e ressoem com as complexidades humanas dentro das organizações, buscando construir tanto um melhor Plano, assim como sua execução.

Sempre me senti intrigado em saber os motivos reais que dificultam a execução dos Planos Estratégicos. Ora, um Plano Estratégico sem execução se torna um simples relatório de intenções, não só frustrando quem planeja e reduzindo o resultado desejado, como desperdiçando recursos financeiros e tempo dos atores envolvidos.

Horas e horas dedicadas na elaboração de um plano que representasse o melhor. Observando detalhadamente cada parte, envolvendo as pessoas que poderiam contribuir de forma significativa, criando modelos de acompanhamento à vista, usando e aprimorando metodologias diversas, aprendendo todo dia novas formas de valorizar o resultado. E o resultado é o que irei apresentar.

Melhorar a cada dia, entregar mais. Tudo isso me realizava, porém algo me frustrava. A execução nunca vinha com o mesmo engajamento da elaboração de um plano e, assim, insistia, aprimorando modelos de Balanced Score Card (BSC), sintetizando os Planos de Ação e indicadores para torná-los mais atraentes, imprimindo compromissos vinculados à meritocracia, remunerando êxitos e ainda uma constante e desgastante autocobrança para obter melhores resultados. Mesmo que não fosse exatamente o desejado.

Em meados de 2019, ao participar de um treinamento sobre Inteligência Emocional, algo me despertou, representando um marco decisivo na minha percepção, dando um novo e poderoso significado às minhas experiências anteriores. A construção do nosso pensamento passa pelas experiências vividas, pelas crenças limitantes e fortalecedoras, pelo significado que construímos com nossas percepções individuais, pela cultura social e organizacional. Detalhes que constroem compromissos individuais e coletivos.

Decidi que eu teria a obrigação de aprofundar na Inteligência Emocional e aprender a influência das emoções na elaboração de um Plano Estratégico, assim como sua execução.

A cada passo nos meus estudos descortinava à minha frente o entendimento de que aquilo era somente a ponta do iceberg. Então, fui buscar mais e mais. De 2019 até 2024, transitei em novos caminhos: Inteligência Social, inteligência positiva, vieses cognitivos, biologia da crença, autoconhecimento e transformação, epigenética e tantos outros. Muitas horas se dedicando a entender ou, melhor, compreender a dinâmica das atitudes individuais na construção dos resultados.

Hoje, encontro-me na construção e no aprofundamento do conhecimento da Neurociência do Comportamento, trazendo toda a sua abrangência ao processo formal de Planejamento Estratégico.

Ao buscar aprofundamento e conhecendo alguns autores que consideram a importância do comportamento como fator determinante nas decisões estratégicas, encontro a Escola de Configuração e Transformação, de Henry Mintzberg, na qual suas premissas me permitem fechar o círculo necessário a uma construção mais assertiva. E, então, nasce o **Planejamento 2e – Estratégico e emocional.**

O fator fundamental da Escola de Configuração e Transformação está em inserir aspectos comportamentais na elaboração do Planejamento Estratégico. Pessoas construindo planos para pessoas executarem. Daí o emocional, que sempre irá ser determinante em todas as nossas decisões, definindo nosso comportamento, dando significado às nossas percepções e construindo os resultados bons e ruins.

Inspirando no autor Nilton Bonder, autor do livro *O segredo judaico de resolução de problemas*, no qual ele descreve os quatro mundos das decisões: o oculto, o aparente, o oculto do aparente e o aparente do oculto, consigo maior entendimento quanto aos fatores como crenças limitantes, vieses cognitivos, Inteligência Emocional, Inteligência Social, inteligência positiva, epigenética, perfil comportamental e tantos outros que agem subliminarmente, não só na construção das decisões estratégicas, assim como nas tomadas de decisão quando da sua execução.

Convido você, leitor, a vir comigo nesta jornada, na qual iremos entender as implicações do nosso comportamento nos resultados que conquistamos e recomendar algumas ferramentas para auxiliar no aprimoramento das nossas entregas.

PREFÁCIO

Em um mundo em constante transformação, onde o mercado se torna mais dinâmico e as mudanças são rápidas, o Planejamento Estratégico tradicional, por mais competente que seja, já não basta para garantir o sucesso a longo prazo. No entanto, existe um aspecto fundamental que, muitas vezes, é negligenciado: as emoções e os comportamentos dos indivíduos que estão por trás da execução desses planos. Este livro, *Planejamento 2e – Estratégico e Emocional: neurociência do comportamento criando engajamento na elaboração e execução de um Plano Estratégico*, surge com a proposta de integrar a inteligência estratégica com a inteligência emocional, levando em consideração como a neurociência do comportamento pode transformar a elaboração e a execução de um Plano Estratégico.

O autor, José Ricardo Rodrigues, nos oferece uma abordagem inovadora, na qual o aspecto humano é considerado em sua totalidade. A obra busca mostrar que, para que um Plano Estratégico seja eficaz, é necessário que os contextos emocional, individual e coletivo estejam alinhados com os objetivos da organização. Como um engenheiro de longa trajetória no mundo corporativo e especialista em neurociência do comportamento, Rodrigues oferece ao leitor uma perspectiva profunda sobre como as opiniões, os valores, as visões cognitivas e os aspectos culturais influenciam diretamente na construção e execução das estratégias.

Neste livro, os leitores encontrarão não apenas teorias e conceitos, mas também ferramentas práticas e exemplos aplicados para integrar esses aspectos emocionais ao planejamento estratégico. O autor compartilha com maestria suas descobertas sobre como as emoções podem ser aliadas no processo de construção de um Plano Estratégico de sucesso, que, ao ser executado com engajamento emocional, garante resultados mais robustos e eficazes.

Planejamento 2e – Estratégico e Emocional: neurociência do comportamento criando engajamento na elaboração e execução de um Plano Estratégico é, portanto, mais do que uma obra sobre estratégia; é um convite para refletir sobre a importância de compreender o ser humano no seu todo, suas emoções, comportamentos e implicações, e como essas forças podem ser potencializadas para criar estratégias não apenas vencedoras, mas também sustentáveis e adaptáveis às mudanças.

Que este livro inspire líderes, gestores, empreendedores e todos os envolvidos na elaboração de estratégias a refletirem sobre a integração essencial entre a racionalidade da estratégia e a complexidade das emoções humanas, rumo a uma gestão mais humana, eficiente e transformadora.

Dr.ª Luciana Duca Costa
PHD em Direito Ambiental
Faculdade Milton Campos, FDC e PUC-MG

SUMÁRIO

CAPÍTULO 1

UMA ABORDAGEM AO CONCEITO DE PLANO ESTRATÉGICO 21

Definição de Plano Estratégico: o que é e qual sua importância
no contexto organizacional...21

A Escola de Configuração e Transformação 23

O papel dos fatores comportamentais e emocionais: como esses elementos
influenciam a execução e o sucesso de um Plano Estratégico 26

CAPÍTULO 2

NEUROCIÊNCIA DO COMPORTAMENTO NAS ORGANIZAÇÕES 31

Como se forma nosso *mindset* e sua influência nas organizações..................31

Comportamento organizacional: entendimento das dinâmicas
comportamentais dentro das empresas 36

Crenças e valores e sua influência em todas as fases da vida 40

Perfil comportamental – todos entendendo quem pode mais.................... 47

Viés cognitivo – decidindo por gatilhos emocionais disparados.................. 54

Cultura organizacional: como a cultura afeta a estratégia e a
necessidade de alinhamento com os objetivos estratégicos 63

CAPÍTULO 3

INTELIGÊNCIA EMOCIONAL NO PLANEJAMENTO ESTRATÉGICO 69

Conceito de Inteligência Emocional: introdução aos fundamentos
e sua aplicação no ambiente corporativo 69

Liderança emocionalmente inteligente: o impacto de líderes que compreendem
e gerenciam emoções na formulação e implementação de estratégias 74

CAPÍTULO 4

MOTIVAÇÃO E ENGAJAMENTO... 79

Aplicação das principais teorias da motivação na construção
de um Plano Estratégico que mobilize a equipe 79

Estratégias para aumentar o envolvimento emocional
e comprometimento com a estratégia 83

CAPÍTULO 5

TOMADA DE DECISÃO E FATORES COMPORTAMENTAIS 89

Tomada de decisão intuitiva *versus* racional: quando confiar na intuição 89

Tomada de decisão em situações de crise: gerenciamento de estresse
e resiliência emocional 92

Tomada de decisão colaborativa: engajando a equipe na formulação
de estratégias 95

Decisão sob incerteza: fatores comportamentais em ambientes
de alta complexidade 98

CAPÍTULO 6

COMUNICAÇÃO E ALINHAMENTO ESTRATÉGICO 103

O papel fundamental da comunicação na implementação estratégica........... 103

Comunicação diferenciada entre os perfis comportamentais:
a metodologia DISC como guia estratégico..................................... 106

Alinhamento de expectativas: garantir que todos os níveis
da organização compreendam e estejam alinhados com a estratégia 109

O diagnóstico estratégico – pessoas e empresa na mesma direção e sentido......112

CAPÍTULO 7

GESTÃO DE MUDANÇAS..117

Resiliência organizacional: preparando a organização emocionalmente
para mudanças estratégicas 117

Gestão de crises: como fatores emocionais e comportamentais
influenciam a resposta a crises 120

CAPÍTULO 8

MEDINDO E AJUSTANDO O PLANO ESTRATÉGICO..................... 125

Indicadores de sucesso emocional: desenvolver métricas para avaliar
o impacto emocional e comportamental do Plano Estratégico....................125

Flexibilidade e adaptação: ajustando a estratégia em resposta
às mudanças comportamentais dentro da organização 128

CAPÍTULO 9

ESTUDOS DE CASO E APLICAÇÕES PRÁTICAS............................131

Análise de casos reais: exemplos de empresas que integraram
com sucesso fatores emocionais em sua estratégia...............................131

Ferramentas práticas: recursos e técnicas para incorporar fatores
comportamentais e emocionais no planejamento estratégico 135

CAPÍTULO 10
CONCLUSÃO E REFLEXÃO... 139
Recapitulação dos principais conceitos: revisão dos postos-chave
discutidos ao longo do livro 139
Futuro do Planejamento Estratégico: tendências emergentes
e a crescente importância dos fatores comportamentais e emocionais............141

CAPÍTULO 11
CICLO DO PLANEJAMENTO 2E – ESTRATÉGICO E EMOCIONAL 145

REFERÊNCIAS 153

ANEXOS – FEC – FERRAMENTAS DE EVOLUÇÃO COMPORTAMENTAL .. 155

Capítulo 1

UMA ABORDAGEM AO CONCEITO DE PLANO ESTRATÉGICO

Se fosse fácil, não seria estratégico.

DEFINIÇÃO DE PLANO ESTRATÉGICO: O QUE É E QUAL SUA IMPORTÂNCIA NO CONTEXTO ORGANIZACIONAL

O Plano Estratégico é um documento essencial que guia uma organização em direção ao seu futuro desejado. Ele consiste em um conjunto de diretrizes, objetivos e ações planejadas que orientam a empresa em sua trajetória, permitindo que ela alcance suas metas de longo prazo de maneira organizada e eficiente.

Em termos simples, o Plano Estratégico responde às seguintes perguntas fundamentais:

1. **Onde estamos?** – Avaliação da situação atual da organização, considerando seus pontos fortes e fracos, bem como as oportunidades e ameaças do ambiente externo.
2. **Aonde queremos chegar?** – Definição clara da visão de futuro, dos objetivos estratégicos e das metas que a organização deseja alcançar.
3. **Como vamos chegar lá?** – Desenvolvimento de estratégias, planos de ação e recursos necessários para atingir os objetivos propostos.

Importância do Plano Estratégico no contexto organizacional

Direcionamento e foco: o Plano Estratégico oferece uma direção clara para a organização, definindo prioridades e focando recursos nas áreas que realmente importam. Isso evita dispersão de esforços e garante que todos os membros da organização estejam alinhados com os objetivos maiores.

Alinhamento organizacional: ao comunicar de forma clara os objetivos e estratégias, o Plano Estratégico promove o alinhamento entre as diferentes áreas da empresa. Todos os departamentos e colaboradores passam a trabalhar em sintonia, contribuindo para a realização de uma visão comum.

Tomada de decisão baseada em dados: com um Plano Estratégico, a tomada de decisões se torna mais orientada por dados e análises. Ele permite que a organização antecipe desafios, identifique oportunidades e tome decisões informadas, minimizando riscos e aproveitando vantagens competitivas.

Adaptação e resiliência: o ambiente de negócios é dinâmico, e as condições externas podem mudar rapidamente. Um Plano Estratégico bem elaborado inclui mecanismos para adaptação, permitindo que a organização responda de forma eficaz a mudanças no mercado, crises ou novas tendências.

Engajamento e motivação dos colaboradores: quando os colaboradores entendem a direção estratégica da organização e como seu trabalho contribui para os objetivos maiores, eles se sentem mais engajados e motivados. Isso cria um ambiente de trabalho mais positivo e produtivo.

Avaliação e melhoria contínua: o Plano Estratégico estabelece metas claras e critérios de sucesso que permitem monitorar o progresso ao longo do tempo. Isso facilita a avaliação contínua do desempenho organizacional, identificando áreas que precisam de ajustes e promovendo a melhoria contínua.

Vantagem competitiva: organizações que possuem um Plano Estratégico bem estruturado tendem a ser mais competitivas. Elas conseguem antecipar movimentos do mercado, explorar oportunidades com mais eficiência e responder a ameaças de forma proativa.

No contexto organizacional, um Plano Estratégico é fundamental para garantir a sustentabilidade e o crescimento a longo prazo. Ele não apenas define a direção que a organização busca, mas também estabelece o caminho para alcançar esse futuro, considerando todos os recursos disponíveis, os desafios do ambiente e o capital humano envolvido. Ao integrar os fatores comportamentais e emocionais nesse processo, a organização se torna ainda mais preparada para enfrentar os desafios e aproveitar as oportunidades que surgirem.

A ESCOLA DE CONFIGURAÇÃO E TRANSFORMAÇÃO

A Escola de Configuração e Transformação é uma das dez escolas de pensamento estratégico identificadas por Henry Mintzberg, Bruce Ahlstrand e Joseph Lampel, em seu livro *Strategy Safari*. Essa escola combina elementos de diferentes abordagens estratégicas e é particularmente focada em compreender como as organizações mudam ao longo do tempo.

Inspirados na Escola de Configuração e Transformação, podemos identificar claramente a influência dos aspectos comportamentais na evolução da construção e execução de um Plano Estratégico e como o engajamento torna o impacto estratégico com maior magnitude, quando envolvemos pessoas, comportamentos e culturas como agentes de transformação e mudança. Sugiro uma maior observação da evolução da mudança frente às suas variáveis presentadas na Figura 1.

Principais características da Escola de Configuração e Transformação

1. **Configuração como padrão**: a Escola de Configuração e Transformação vê as organizações como entidades que assumem diferentes configurações ao longo do tempo. Cada configuração representa uma combinação única de elementos estruturais, culturais e estratégicos que se mantêm relativamente estáveis por um período.

2. **Transformação como mudança**: enquanto a organização pode permanecer em uma configuração estável por algum tempo, eventualmente, mudanças no ambiente interno ou externo podem desencadear uma transformação. Esse processo envolve a transição da organização de uma configuração para outra, adaptando-se a novas circunstâncias e desafios.

3. **Fases de estabilidade e mudança**: a Escola de Configuração e Transformação propõe que as organizações passam por ciclos de estabilidade (durante os quais permanecem em uma configuração definida) e de mudança (onde ocorre a transformação para uma nova configuração). Essas transições são vistas como momentos críticos de reavaliação e reestruturação estratégica.

4. **Holística e integrativa**: diferentemente de outras escolas que se concentram em aspectos específicos da estratégia, como a

formulação de estratégias ou a liderança, a Escola de Configuração e Transformação adota uma visão holística. Ela integra aspectos estruturais, culturais, comportamentais e contextuais para entender a evolução estratégica da organização.

5. **Contexto e contingência**: essa escola reconhece que as estratégias e as configurações não são universais. Elas dependem do contexto específico da organização, incluindo seu ambiente competitivo, sua cultura interna e seus recursos. A adaptação ao contexto é crucial para o sucesso estratégico.

Figura 1 – A Evolução da mudança em empresas maduras

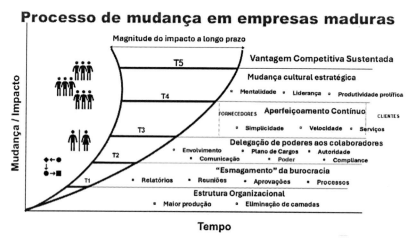

Fonte: Beatlty e Ulrich (1991)

Importância e aplicabilidade

1. **Compreensão das dinâmicas organizacionais**: a Escola de Configuração e Transformação ajuda a entender como as organizações evoluem ao longo do tempo. Ao identificar as configurações que uma organização assume e as condições que levam à transformação, os líderes podem prever mudanças e se preparar para elas de maneira mais eficaz.
2. **Estratégia em ambientes dinâmicos**: em ambientes de negócios dinâmicos, nos quais as condições mudam rapidamente, a capacidade de reconfigurar e transformar a organização se torna

uma vantagem competitiva. Essa escola oferece insights sobre como gerenciar essas transições de forma bem-sucedida.

3. **Aplicação em processos de reestruturação**: quando uma organização passa por processos de fusões, aquisições ou reestruturações internas, a Escola de Configuração e Transformação fornece uma estrutura para entender e gerenciar essas mudanças. Isso inclui a identificação da configuração atual e o planejamento da transformação necessária.

4. **Interação entre estabilidade e mudança**: ao equilibrar a necessidade de estabilidade (manutenção de uma configuração eficiente) com a necessidade de mudança (transformação em resposta a novos desafios), os gestores podem criar organizações que sejam tanto resilientes quanto adaptáveis.

5. **Desenvolvimento de liderança estratégica**: a liderança é crucial na gestão das transições entre configurações. Essa escola enfatiza o papel dos líderes na condução da organização por meio de períodos de transformação, ajudando a moldar e guiar a nova configuração.

Figura 2 – Mapa de métodos da mudança

Mapa de Métodos de Mudança

	MICRO MUDANÇA		MACRO MUDANÇA
Mudança planejada (programática)	Melhoria da qualidade TQM – Qualidade Total Ampliação de Cargos Delegação de poderes Desenvolvimento de competências Treinamento, Educação, compliance	Reprogramação do trabalho Estudo de tempos e movimentos, etc Desenvolvimento da organização Equipes de Iniciativa	**Planejamento Estratégico**
Mudança conduzida (guiada)	Racionamento de custos –downsizing, refinanciamento, terceirização Reestruturação organizacional Reposicionamento Estratégico – diversificação, M&A, alianças, etc. Recomposição – mentalidade, visão, etc		**Revitalização – Revolução cultural**
Mudança evoluída (orgânica)	Assunção de Riscos, descentralização, patrocínio, etc. Aprendizado e reaprendizado estratégico contínuo Aprofundamento comportamental		**Produtividade Prolífica**

Fonte: Escola de Configuração e Transformação Mintzberg – Safari de Estratégias

Na Figura 2, podemos observar a importância do aprofundamento comportamental no processo de mudança, onde é proposto o do processo de Produtividade Prolifica. Apresentado inicialmente por Brendon Burchard, no livro *O poder da Alta Performance*, a qualidade prolifica é aquela em que ao ser entregue por um grupo ou pessoa, propicia sua prolificidade, ou seja, serve a construção de novos resultados. Então, Brendon Burchard propõe o termo "RQP – Resultado de Qualidade Prolifica."

E é isso que o Planejamento 2e – Estratégico e Emocional se propõe. Ajustar motivações e engajamentos prolíficos, em que as forças se somam na mesma direção e sentido, propiciando os melhores resultados resultantes do esforço coletivo.

Exemplo prático

Um exemplo de aplicação da Escola de Configuração e Transformação pode ser visto em empresas que precisam se adaptar a mudanças tecnológicas disruptivas. Por exemplo, as empresas, de um modo em geral, podem continuar a agir de forma tradicional, mas a chegada da Inteligência Artificial cria a necessidade de transformação. A empresa deve então passar por uma reconfiguração, adotando novas tecnologias, mudando sua estrutura organizacional e redefinindo suas estratégias de mercado para se adaptar à nova realidade digital.

Conclusão

A Escola de Configuração e Transformação oferece uma visão valiosa sobre como as organizações se desenvolvem e mudam ao longo do tempo. Ela destaca a importância de compreender as fases de estabilidade e mudança e de gerenciar essas transições de forma eficaz. Ao integrar essa abordagem na formulação de estratégias, os gestores podem criar organizações que sejam capazes de se adaptar e prosperar em ambientes de negócios complexos e em constante evolução.

O PAPEL DOS FATORES COMPORTAMENTAIS E EMOCIONAIS: COMO ESSES ELEMENTOS INFLUENCIAM A EXECUÇÃO E O SUCESSO DE UM PLANO ESTRATÉGICO

Os fatores comportamentais e emocionais desempenham um papel crucial na execução e no sucesso de qualquer Plano Estratégico. Embora as estratégias e planos sejam frequentemente desenvolvidos com base em análises racionais e dados quantitativos, é o comportamento e as emoções das pessoas envolvidas que, em última instância, determinam se essas estratégias serão bem-sucedidas.

1. A natureza dos fatores comportamentais e emocionais

Fatores comportamentais referem-se às atitudes, aos comportamentos, às crenças e às práticas que as pessoas dentro da organização trazem para o ambiente de trabalho. Esses fatores influenciam como as pessoas se comunicam, tomam decisões, resolvem problemas e colaboram em equipe.

Fatores emocionais envolvem as emoções e sentimentos que impactam a motivação, o engajamento e a satisfação dos colaboradores. Emoções como confiança, entusiasmo, medo ou frustração podem moldar profundamente a maneira como os indivíduos percebem suas responsabilidades e contribuem para a execução do plano.

Assim, podemos inferir o quanto será importante considerarmos a interferência individual dos fatores comportamentais e emocionais no resultado coletivo das estratégias empresariais a serem implementadas.

2. Influência na execução do Plano Estratégico

Engajamento e motivação:

- **Alinhamento emocional**: quando os colaboradores se sentem emocionalmente conectados aos objetivos estratégicos, eles estão mais inclinados a se engajar e a trabalhar com maior dedicação. Um Plano Estratégico que ressoa com os valores e aspirações pessoais dos colaboradores tem maior probabilidade de ser executado com sucesso.
- **Motivação intrínseca *vs.* extrínseca**: fatores emocionais influenciam se os colaboradores estão motivados por recompensas externas (salário, promoções) ou por satisfação interna (sentimento de realização, propósito). Estratégias que fortalecem a motivação intrínseca tendem a ser mais sustentáveis a longo prazo.

Comunicação e colaboração:

- **Clima emocional**: um ambiente de trabalho positivo, onde as emoções são gerenciadas de forma saudável, promove uma comunicação aberta e honesta. Isso é essencial para a execução eficaz de um Plano Estratégico, pois garante que as informações fluam livremente e que problemas sejam identificados e resolvidos rapidamente.

- **Resolução de conflitos**: fatores comportamentais, como a capacidade de resolver conflitos de maneira construtiva, são fundamentais para manter a coesão da equipe durante a execução do plano. Emoções negativas não gerenciadas podem levar a desentendimentos e, eventualmente, à falha na implementação da estratégia.

Resiliência e adaptação:

- **Gerenciamento de mudanças**: as emoções desempenham um papel central na maneira como os colaboradores lidam com mudanças. A resistência emocional à mudança pode ser uma barreira significativa à execução do plano, especialmente em ambientes dinâmicos. Uma abordagem que considere as emoções durante os processos de mudança facilita uma transição mais suave e aumenta as chances de sucesso.

- **Resiliência organizacional**: a capacidade de uma organização de se recuperar de adversidades está intimamente ligada ao estado emocional de seus membros. Uma equipe emocionalmente resiliente é mais capaz de enfrentar desafios inesperados e manter o curso da estratégia.

Tomada de decisão e fatores comportamentais:

- **Influência dos vieses cognitivos**: decisões estratégicas são frequentemente afetadas por vieses cognitivos e emocionais, como otimismo excessivo ou aversão ao risco. Reconhecer e mitigar esses vieses é essencial para garantir que as decisões tomadas durante a execução do plano sejam as mais racionais e eficazes possíveis.

- **Cultura de decisão**: a cultura organizacional em torno da tomada de decisões também é um fator comportamental crítico. Uma cultura que valoriza a diversidade de opiniões e a consideração das emoções pode levar a decisões mais equilibradas e bem-sucedidas.

3. Estratégias para integrar fatores comportamentais e emocionais

- **Liderança emocionalmente inteligente**: os líderes devem desenvolver habilidades de Inteligência Emocional para reconhecer e gerenciar suas próprias emoções, bem como as de sua equipe. Líderes que demonstram empatia, autoconsciência e habilidade em gerenciar relacionamentos são mais eficazes na execução de estratégias.

- **Comunicação abertura e transparente**: promover uma comunicação que considere as emoções dos colaboradores ajuda a construir confiança e a manter todos alinhados com os objetivos estratégicos. Isso inclui ouvir ativamente, oferecer *feedback* construtivo e abordar preocupações emocionais de forma direta.

- **Promoção de um clima positivo**: criar um ambiente de trabalho que valorize o bem-estar emocional dos colaboradores é crucial. Isso pode ser feito por meio de programas de bem-estar, práticas de reconhecimento e recompensa e promovendo um equilíbrio saudável entre trabalho e vida pessoal.

- **Capacitação em resolução de conflitos**: treinar os colaboradores para lidar com conflitos de maneira construtiva pode melhorar significativamente a colaboração e a execução do Plano Estratégico. Isso inclui ensinar técnicas de comunicação não violenta e mediação.

- **Monitoramento e avaliação contínua**: estabelecer mecanismos para monitorar o impacto dos fatores comportamentais e emocionais na execução do plano permite ajustes oportunos. Ferramentas como pesquisas de clima organizacional e avaliações de engajamento podem fornecer insights valiosos.

- **Identificar e dimensionar problemas e focar na solução**: construir uma cultura focada na solução. Utilizar o princípio 10-90 de Stephen R. Covey, autor do livro *Os 7 hábitos das pessoas altamente eficazes*. Os 10% da vida estão relacionados com o que se passa com você, os outros 90% da vida se relacionam com a forma como você reage ao que se passa com você. Então, trazendo para o **Planejamento 2e**, nossa proposta será sempre focar 10% do tempo no problema, sua compreensão plena, seu real dimensionamento, eliminando gatilhos e vieses, focando os outros 90% do tempo na solução, ou seja, na construção do resultado.

Conclusão

Os fatores comportamentais e emocionais não são meros aspectos secundários no contexto da execução de um Plano Estratégico. Eles são, na verdade, elementos centrais que podem determinar o sucesso ou fracasso de qualquer estratégia. Ao integrar a compreensão e o gerenciamento desses fatores no processo de planejamento e execução, as organizações não só aumentam suas chances de sucesso, como também constroem ambientes de trabalho mais saudáveis e produtivos. O reconhecimento da importância desses elementos torna-se, portanto, uma vantagem competitiva crítica em um mundo onde a estratégia é tão dependente das pessoas que a executam.

Capítulo 2

NEUROCIÊNCIA DO COMPORTAMENTO NAS ORGANIZAÇÕES

Se você pensar que pode, ou se você pensar que não pode,
em ambos os casos você estará certo.
(Henry Ford)

COMO SE FORMA NOSSO *MINDSET* E SUA INFLUÊNCIA NAS ORGANIZAÇÕES

A ideia "*MINDSET*" foi concebida pela psicóloga e pesquisadora Carol Dweck, especialista em Psicologia Social e em Psicologia do Desenvolvimento. Com base em estudos aprofundados sobre sucesso e fracasso, ela escreveu o livro *Mindset: a nova psicologia do sucesso* e refere-se ao conjunto de crenças, atitudes e percepções que moldam como pensamos, sentimos e agimos em diversas situações. No contexto organizacional, o *mindset* dos colaboradores e líderes exerce uma influência profunda na cultura, na tomada de decisões, na inovação e, finalmente, nos resultados da empresa. A formação desse mindset é um processo complexo e dinâmico, que passa por várias etapas e é moldado por uma variedade de fatores, como crenças limitantes, vieses cognitivos e a cultura organizacional, como apresentado na Figura 3.

1. Formação do *mindset*: o ciclo

Crenças limitantes

As crenças limitantes são ideias profundamente enraizadas que restringem o potencial de uma pessoa ou organização. Elas se formam ao longo do tempo, muitas vezes desde a infância, e são reforçadas por experiências passadas, educação e influências sociais.

- **Exemplo:** um colaborador que acredita que "não sou bom em inovação" pode evitar participar de projetos criativos, o que limita sua contribuição e crescimento na empresa.

- **Impacto nas organizações:** crenças limitantes podem criar uma mentalidade fixa, na qual os colaboradores resistem a mudanças e evitam desafios, comprometendo a capacidade da organização de inovar e se adaptar ao mercado.

Vieses cognitivos

Os vieses cognitivos são atalhos mentais que usamos para tomar decisões rápidas e que nem sempre resultam em escolhas racionais. Eles influenciam como interpretamos informações e tomamos decisões.

- **Exemplo:** o viés de confirmação faz com que as pessoas busquem e interpretem informações de maneira que confirme suas crenças preexistentes, ignorando evidências contrárias.
- **Impacto nas organizações:** no ambiente corporativo, vieses como o viés de ancoragem (focar em uma informação inicial e ignorar novas informações) ou o viés de disponibilidade (basear decisões em informações que vêm facilmente à mente) podem levar a decisões estratégicas erradas e resistência à mudança.

Cultura organizacional

A cultura organizacional é o conjunto de valores, normas e práticas que caracterizam uma organização. Ela influencia e é influenciada pelo pensamento coletivo dos colaboradores.

- **Exemplo:** uma cultura que valoriza a hierarquia e a conformidade pode reforçar *mindsets* conservadores, em que os colaboradores evitam tomar riscos ou propor inovações.
- **Impacto nas organizações:** a cultura organizacional molda o comportamento e as atitudes dos colaboradores. Uma cultura que promove o crescimento, a colaboração e a inovação facilitam a formação de um mindset aberto e adaptável, enquanto uma cultura rígida pode fomentar uma mentalidade fixa e resistente.

PLANEJAMENTO 2E – ESTRATÉGICO E EMOCIONAL

Figura 3 – O ciclo do *mindset*: como se forma o nosso pensamento

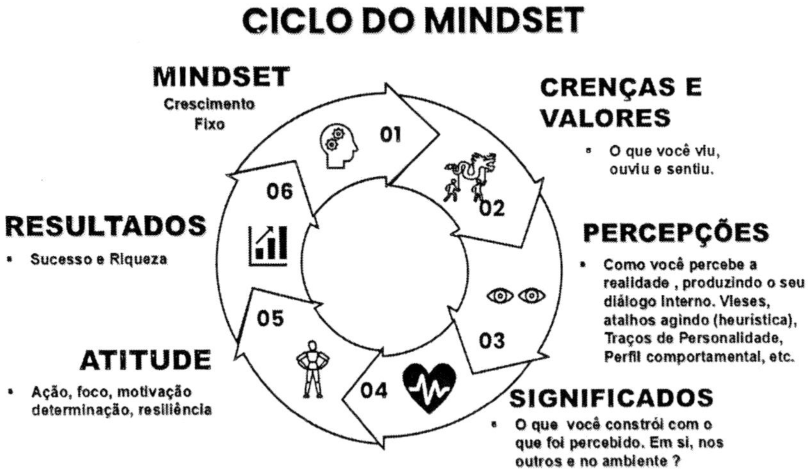

CICLO DO MINDSET

MINDSET
Crescimento
Fixo

CRENÇAS E VALORES
- O que você viu, ouviu e sentiu.

RESULTADOS
- Sucesso e Riqueza

PERCEPÇÕES
- Como você percebe a realidade, produzindo o seu diálogo interno. Vieses, atalhos agindo (heurística), Traços de Personalidade, Perfil comportamental, etc.

ATITUDE
- Ação, foco, motivação determinação, resiliência

SIGNIFICADOS
- O que você constrói com o que foi percebido. Em si, nos outros e no ambiente?

Fonte: elaborado pelo autor com base na neurociência do comportamento

Percepções e significados

As crenças limitantes, os vieses cognitivos e a cultura organizacional interagem para formar nossas percepções do mundo e dos desafios que enfrentamos. Essas percepções, por sua vez, criam significados que moldam nossas atitudes e comportamentos.

- **Exemplo**: se uma organização valoriza a inovação, um colaborador pode perceber desafios como oportunidades de crescimento, adotando uma atitude proativa.
- **Impacto nas organizações**: a forma como os colaboradores percebem e interpretam as situações influenciará diretamente suas ações. Percepções positivas e significados alinhados aos objetivos organizacionais geram atitudes que impulsionam o sucesso coletivo.

Atitudes e resultados

O ciclo se completa quando essas percepções e significados se traduzem em atitudes. As atitudes determinam como os colaboradores se comportam, se relacionam e enfrentam desafios no ambiente de trabalho.

- **Exemplo**: um *mindset* de crescimento leva à busca constante por aprendizado e melhoria, resultando em maior inovação e desempenho organizacional.
- **Impacto nas organizações**: atitudes positivas e proativas são essenciais para o sucesso organizacional. Quando o pensamento coletivo é voltado para o crescimento, a inovação e a colaboração, os resultados tendem a ser superiores.

2. A influência do *mindset* nas organizações

Inovação e adaptabilidade

Organizações com um *mindset* de crescimento, no qual a inovação e a aprendizagem contínua são valorizadas, estão mais preparadas para se adaptar a mudanças e aproveitar novas oportunidades. Esse tipo de *mindset* promove um ambiente onde os erros são vistos como oportunidades de aprendizado, e os colaboradores são incentivados a experimentar novas ideias.

Desempenho e produtividade

O pensamento influencia diretamente a motivação e o desempenho dos colaboradores. Um *mindset* positivo e orientado para o crescimento pode aumentar a produtividade, melhorar a satisfação no trabalho e reduzir o turnover. Colaboradores que acreditam no seu potencial e na capacidade de melhorar continuamente tendem a ser mais engajados e produtivos.

Tomada de decisão

Mindsets influenciam a forma como as decisões são tomadas nas organizações. Um pensamento aberto e adaptável permite que líderes considerem diferentes perspectivas, avaliem riscos de maneira mais equilibrada e tomem decisões mais informadas. Já um *mindset* fixo pode levar a decisões conservadoras e à resistência a mudanças, o que pode ser prejudicial em um ambiente de negócios dinâmico.

Cultura organizacional

O *mindset* dos líderes e colaboradores contribui para moldar e reforçar a cultura organizacional. Uma cultura que incentiva a aprendizagem, a inovação e a colaboração criam um ciclo positivo, no qual o pensamento coletivo continua a evoluir e se alinhar com os objetivos estratégicos da organização.

Resiliência organizacional

A resiliência de uma organização está intimamente ligada ao *mindset* de seus colaboradores. Uma mentalidade que vê desafios como oportunidades e que valoriza a perseverança frente às dificuldades aumenta a capacidade da organização de se recuperar de crises e manter seu desempenho em tempos de incerteza.

3. Estratégias para moldar um *mindset* positivo nas organizações

- **Desenvolvimento de liderança**: treinar líderes para reconhecer e gerenciar seus próprios vieses e crenças limitantes, além de promover um ambiente que encoraje o crescimento e a inovação.
- **Cultura de aprendizagem**: criar uma cultura organizacional que valorize a aprendizagem contínua, na qual os erros sejam vistos como oportunidades de crescimento e onde a inovação seja incentivada.
- ***Feedback* e reconhecimento**: estabelecer sistemas de *feedback* construtivo e reconhecimento para reforçar atitudes e comportamentos que estejam alinhados com o *mindset* desejado.
- **Diversidade e inclusão**: promover a diversidade de pensamento e inclusão dentro da organização para evitar o viés de grupo e incentivar a consideração de múltiplas perspectivas.
- **Treinamento em Inteligência Emocional**: capacitar colaboradores para entender e gerenciar suas emoções, melhorando sua resiliência e capacidade de adaptação.

Conclusão

O *mindset* é um fator determinante no desempenho organizacional e na capacidade de uma empresa de alcançar seus objetivos estratégicos. Ele é formado por um ciclo de influências, incluindo crenças limitantes, vieses cognitivos e cultura organizacional, que moldam as percepções e atitudes dos colaboradores. Ao compreender e gerenciar ativamente esses fatores, as organizações podem cultivar um *mindset* positivo e orientado para o crescimento, criando uma base sólida para o sucesso sustentável a longo prazo.

COMPORTAMENTO ORGANIZACIONAL: ENTENDIMENTO DAS DINÂMICAS COMPORTAMENTAIS DENTRO DAS EMPRESAS

O comportamento organizacional é o estudo das ações, atitudes e interações dos indivíduos e grupos dentro de uma organização. Compreender essas dinâmicas é essencial para líderes e gestores que buscam otimizar o desempenho, melhorar o ambiente de trabalho e alcançar os objetivos estratégicos da empresa. As organizações são compostas por pessoas, e as suas interações e comportamentos, influenciados por uma série de fatores, determinam como a empresa opera e se adapta às mudanças.

1. O que é comportamento organizacional?

O comportamento organizacional analisa como indivíduos e grupos se comportam dentro das organizações e como esses comportamentos afetam o desempenho organizacional. Esse campo de estudo é multidisciplinar, incorporando princípios da psicologia, sociologia, antropologia e gestão para entender melhor as complexas interações humanas no ambiente de trabalho.

- **Nível individual**: foca no comportamento de cada colaborador, incluindo aspectos como motivação, personalidade, valores, atitudes, percepções e processos de tomada de decisão.
- **Nível grupal**: analisa as dinâmicas de grupo, incluindo como as equipes são formadas, como interagem, como tomam decisões em grupo, como gerenciam conflitos e como a liderança influencia o desempenho do grupo.
- **Nível organizacional**: envolve a cultura organizacional, estrutura, processos de comunicação, poder e política dentro da organização.

2. Fatores que influenciam o comportamento organizacional

Cultura organizacional

A cultura organizacional é o conjunto de valores, normas, crenças e práticas que orientam o comportamento dos membros da organização. Ela atua como uma força invisível que molda como os colaboradores pensam, sentem e agem.

- **Impacto**: uma cultura forte e positiva pode aumentar o engajamento dos colaboradores, promover a lealdade e alinhar as ações dos indivíduos com os objetivos organizacionais. Por outro lado, uma cultura disfuncional pode levar a conflitos, baixa moral e alto turnover.

Liderança

A liderança tem um papel crucial no comportamento organizacional, pois os líderes influenciam diretamente a motivação, o comprometimento e o desempenho dos colaboradores. Diferentes estilos de liderança (autoritário, democrático, transformacional) têm diferentes impactos no comportamento organizacional.

- **Impacto**: líderes autênticos são capazes de inspirar e motivar suas equipes, promover um ambiente de trabalho saudável e orientar a organização por meio de mudanças e desafios. A falta de liderança ou estilos de liderança inadequados podem resultar em desmotivação, resistência à mudança e baixa produtividade.

Motivação

A motivação é o processo que inicia, direciona e mantém o comportamento dos colaboradores em direção a um objetivo. Ela pode ser intrínseca (derivada da satisfação interna) ou extrínseca (impulsionada por recompensas externas).

- **Impacto**: a motivação dos colaboradores afeta diretamente sua produtividade e desempenho. Estratégias eficazes de motivação incluem reconhecimento, oportunidades de desenvolvimento profissional e um ambiente de trabalho que suporte o equilíbrio entre vida pessoal e profissional.

Comunicação

A comunicação dentro de uma organização é fundamental para coordenar esforços, resolver problemas e alcançar os objetivos estratégicos. A eficácia da comunicação afeta todos os aspectos do comportamento organizacional, desde a tomada de decisão até a coesão do grupo.

- **Impacto:** uma comunicação clara, aberta e transparente facilita o alinhamento de objetivos, promove a colaboração e minimiza mal--entendidos. Comunicação deficiente, por outro lado, pode resultar em desinformação, conflitos e falhas na execução de tarefas.

Dinâmicas de grupo

As dinâmicas de grupo referem-se às interações entre os membros de uma equipe e como essas interações afetam o desempenho coletivo. Fatores como coesão, papéis e normas do grupo, além da capacidade de gerenciar conflitos, influenciam a eficácia da equipe.

- **Impacto:** equipes coesas, com normas claras e papéis bem definidos, tendem a ser mais eficientes e inovadoras. Por outro lado, a falta de coesão e a presença de conflitos não resolvidos podem prejudicar o desempenho do grupo e o clima organizacional.

Poder e política

Poder e política dentro das organizações envolvem a distribuição de autoridade e influência e como os colaboradores utilizam esses elementos para atingir seus objetivos. A política organizacional pode ser positiva, como na construção de alianças estratégicas, ou negativa, como em disputas de poder e manipulação.

- **Impacto:** o entendimento e a gestão eficaz do poder e da política são essenciais para manter a harmonia organizacional e garantir que os interesses da empresa sejam prioritários. O uso inadequado do poder pode criar divisões, reduzir a moral e desencadear comportamentos antiéticos.

3. A Importância do comportamento organizacional para o sucesso empresarial

Melhoria do desempenho organizacional

Compreender o comportamento organizacional permite que líderes e gestores otimizem processos, melhorem a comunicação, motivem seus colaboradores e criem um ambiente de trabalho que promove a produtividade. Empresas que investem no entendimento e na gestão do comportamento organizacional tendem a ter um desempenho superior, pois conseguem alinhar melhor as ações de seus colaboradores aos objetivos estratégicos.

Gestão de mudanças

Em um ambiente de negócios em constante evolução, a capacidade de gerenciar mudanças é fundamental para a sobrevivência e o sucesso. O comportamento organizacional fornece ferramentas e *insights* para entender como as mudanças afetam os colaboradores e como gerenciar a transição de forma eficaz. A resistência à mudança é um dos maiores obstáculos enfrentados pelas organizações, e uma compreensão profunda do comportamento organizacional pode ajudar a mitigar esses desafios.

Engajamento e satisfação dos colaboradores

Colaboradores engajados e satisfeitos são mais propensos a serem produtivos, inovadores e leais à empresa. O comportamento organizacional oferece estratégias para criar um ambiente de trabalho onde os colaboradores se sintam valorizados, ouvidos e incentivados a contribuir com o máximo de suas capacidades.

Inovação e criatividade

A inovação é impulsionada por um ambiente organizacional que incentiva a criatividade, o risco calculado e a colaboração. Compreender as dinâmicas comportamentais permite que as organizações criem condições que fomentem a inovação, incluindo a promoção de diversidade de pensamento e a eliminação de barreiras à comunicação e ao trabalho em equipe.

4. Estratégias para melhorar o comportamento organizacional

- **Desenvolvimento de liderança**: investir em programas de desenvolvimento de liderança que ensinem habilidades de gestão de pessoas, comunicação eficaz e resolução de conflitos.

- **Promoção de uma cultura positiva**: fomentar uma cultura organizacional que valorize a transparência, a colaboração, a inclusão e a inovação. Isso pode ser feito por meio de políticas organizacionais, rituais e incentivos que alinhem os comportamentos desejados com os valores da empresa.

- **Treinamento e desenvolvimento**: oferecer programas de treinamento que ajudem os colaboradores a desenvolverem habilidades emocionais e comportamentais, como Inteligência Emocional, trabalho em equipe e gestão do tempo.

- *Feedback* **contínuo**: estabelecer um sistema de *feedback* contínuo que permita aos colaboradores e gestores ajustarem comportamentos e práticas de forma dinâmica, alinhando-os com os objetivos organizacionais.

- **Gestão de conflitos**: implementar processos de gestão de conflitos que sejam justos, transparentes e eficazes, garantindo que os conflitos sejam resolvidos de maneira que promova o crescimento e o aprendizado organizacional.

Conclusão

O comportamento organizacional é um elemento essencial para o sucesso das empresas. Ele abrange a forma como os indivíduos e grupos interagem dentro da organização e como essas interações afetam o desempenho geral. Ao compreender e gerenciar as dinâmicas comportamentais, líderes e gestores podem criar um ambiente de trabalho mais produtivo, inovador e harmonioso, capaz de alcançar os objetivos estratégicos da empresa e de se adaptar aos desafios em constante evolução. O comportamento organizacional, portanto, não é apenas um campo de estudo, e si uma prática vital para o sucesso sustentável das organizações.

CRENÇAS E VALORES E SUA INFLUÊNCIA EM TODAS AS FASES DA VIDA

As crenças e os valores que carregamos ao longo da vida moldam a forma como vemos o mundo, tomamos decisões e interagimos com os outros. Eles influenciam profundamente nosso comportamento, atitudes e até mesmo o curso de nossa vida pessoal e profissional. Compreender como as crenças são formadas e como elas influenciam cada fase da vida é essencial para reconhecer o impacto dessas influências e, quando necessário, fazer ajustes que promovam o crescimento e o bem-estar.

O ciclo de formação de crenças

O ciclo de formação de crenças, apresentado na Figura 4, é um processo contínuo e dinâmico que começa na infância e continua ao longo de toda a vida. As crenças são as ideias ou convicções que consideramos verdadeiras, enquanto os valores são os princípios ou padrões de comportamento que consideramos importantes. Ambos são moldados por uma combinação de influências familiares, sociais, culturais e experiências pessoais, ou seja, tudo o que ouvimos, vimos ou sentimos e que ajudaram na construção de quem somos, nossas capacidades de fazer e do que entendemos como nosso merecimento.

Figura 4 – Ciclo de formação de crenças

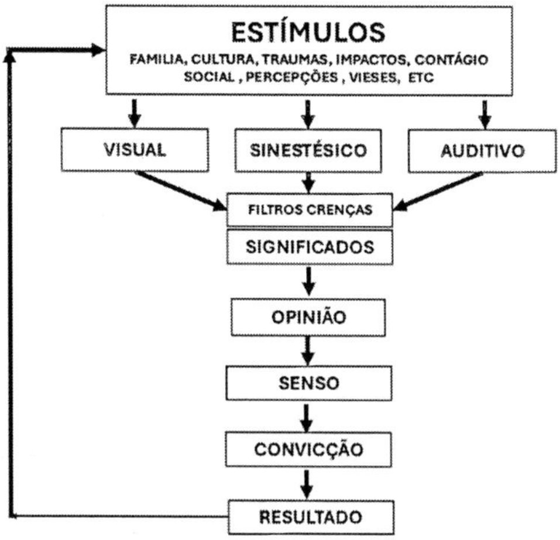

Fonte: Febracis Brasil – Método CIS

Veja a seguir alguns exemplos e reflita sobre sua influência na elaboração e execução de um Plano Estratégico.

Crenças fortalecedoras e crenças limitantes:

- **Crenças fortalecedoras**: são crenças que impulsionam o crescimento, a autoconfiança e a realização. Exemplos incluem "Eu sou capaz de superar desafios" ou "Eu mereço sucesso".

- **Crenças limitantes**: são crenças que restringem o potencial e criam barreiras para o sucesso. Exemplos incluem "Eu nunca serei bom o suficiente" ou "O fracasso é inevitável".

- **Crenças sobre identidade e autoimagem**: essas são crenças sobre quem a pessoa acredita que é. Exemplos incluem "Eu sou uma pessoa resiliente" ou "Eu sou uma pessoa fracassada".

- **Crenças sobre capacidades e competências:** essas são crenças sobre as habilidades e capacidades pessoais. Exemplos incluem "Eu sou um excelente comunicador" ou "Eu sou incompetente em lidar com desafios".

- **Crenças sobre relações e conexões:** essas são crenças sobre como as pessoas se relacionam e interagem com os outros. Exemplos incluem "As pessoas são confiáveis" ou "As pessoas sempre me traem".

- **Crenças sobre sucesso e realização:** essas são crenças sobre o que é sucesso e como alcançá-lo. Exemplos incluem "O sucesso requer trabalho duro e dedicação" ou "O sucesso é para os sortudos".

- **Crenças sobre o mundo e o futuro:** essas são crenças sobre como o mundo funciona e como o futuro se desenrolará. Exemplos incluem "O mundo é um lugar perigoso" ou "O futuro é incerto e sombrio".

E como as crenças se formam ao longo na vida:

Infância: a base das crenças

Na infância, as crenças e valores começam a ser formados principalmente pelas construções dos significados que damos pelas nossas percepções quando das interações com os pais, cuidadores e figuras de autoridade. As crianças absorvem, assim como moldam os padrões comportamentais, as normas e as expectativas que observam em casa, na escola e na sociedade em geral.

- **Impacto:** as crenças adquiridas na infância, como o valor do respeito, da honestidade e da importância da educação, tornam-se a base sobre a qual outras crenças e valores serão construídos. Crenças limitantes também podem surgir nessa fase, como a ideia de que "não sou bom o suficiente", e podem persistir ao longo da vida, influenciando decisões futuras.

Adolescência: consolidação e desafios

Durante a adolescência, as crenças e valores são testados e muitas vezes desafiados. Essa é uma fase em que os indivíduos começam a buscar sua identidade, muitas vezes questionando as crenças herdadas dos pais e da sociedade e formando suas próprias convicções.

- **Impacto:** a adolescência é um período de grande vulnerabilidade, no qual as crenças podem ser fortemente influenciadas por grupos de pares, cultura pop e mídias sociais. É também uma fase em que as crenças sobre si mesmo e o mundo podem se consolidar, criando um quadro de referência que influenciará decisões importantes, como a escolha de carreira, estilo de vida, criação de expectativas pessoais e relacionamentos.

Vida adulta: aplicação e ajustes

Na vida adulta, as crenças e valores formados nas fases anteriores começam a se manifestar mais claramente nas escolhas e ações do dia a dia, desde decisões de carreira até como criar os filhos. É também uma fase em que muitos começam a refletir sobre suas crenças e valores, ajustando-os conforme novas experiências e responsabilidades surgem.

- **Impacto:** as crenças sobre sucesso, felicidade, ética e propósito de vida têm um papel central na vida adulta. As escolhas profissionais, o comprometimento em relacionamentos e a forma como os desafios são enfrentados são todos moldados por essas crenças. Adultos que revisitam e reavaliam suas crenças frequentemente demonstram maior adaptabilidade e resiliência.

Maturidade: reflexão e legado

Na maturidade, há uma tendência natural de refletir sobre as experiências de vida e o legado que se deseja deixar. Essa fase muitas vezes envolve a transmissão de crenças e valores para as gerações futuras, seja por meio da educação dos filhos, do envolvimento na comunidade ou da contribuição para causas sociais.

- **Impacto:** crenças e valores se tornam mais enraizados, e as decisões tomadas nessa fase muitas vezes visam criar um impacto duradouro. A forma como as pessoas encaram o envelhecimento, a aposentadoria e o significado da vida são influenciadas por crenças estabelecidas ao longo das décadas.

1. Como as crenças influenciam a vida pessoal e profissional

Tomada de decisão

Crenças e valores são os filtros pelos quais processamos informações e tomamos decisões. Se uma pessoa acredita que "trabalho duro sempre compensa", ela provavelmente estará disposta a investir tempo e esforço em sua carreira, esperando que isso leve ao sucesso. Em contraste, alguém que acredita que "não importa o que eu faça, não vou conseguir" poder se sentir desmotivado e resistir a assumir novos desafios.

- **Impacto profissional:** as crenças influenciam decisões como aceitar ou não uma promoção, mudar de carreira, assumir riscos ou buscar novas oportunidades. Valores como integridade, responsabilidade e inovação guiam como os profissionais conduzem suas carreiras e interagem com colegas.

Relacionamentos e interações sociais

As crenças e valores também moldam a forma como nos relacionamos com os outros. Crenças sobre confiança, lealdade, respeito e amor influenciam como construímos e mantemos relacionamentos, seja na vida pessoal ou no ambiente de trabalho.

- **Impacto nos relacionamentos:** indivíduos que valorizam a empatia e a comunicação aberta tendem a construir relacionamentos mais fortes e saudáveis. Crenças limitantes, como "não sou digno de amor", podem levar a comportamentos autossabotadores em relacionamentos pessoais e profissionais.

Resiliência e enfrentamento de desafios

As crenças desempenham um papel crucial na forma como enfrentamos adversidades. Crenças positivas, como "posso superar qualquer obstáculo", contribuem para a resiliência, permitindo que os indivíduos lidem melhor com situações difíceis. Em contrapartida, crenças negativas podem levar ao pessimismo e à desistência diante de desafios.

- **Impacto no enfrentamento:** crenças sobre o próprio valor e capacidade de superar dificuldades são essenciais para a resiliência. Indivíduos com crenças fortalecedoras são mais propensos a perseverar e encontrar soluções criativas para problemas, tanto na vida pessoal quanto profissional.

2. Estratégias para avaliar e transformar crenças limitantes

Autoconhecimento

O primeiro passo para transformar crenças limitantes é desenvolver o autoconhecimento. Isso envolve identificar quais crenças estão guiando suas decisões e comportamentos e avaliar se elas estão alinhadas com seus objetivos e valores atuais.

- **Prática**: exercícios de reflexão, como o uso de ferramentas de avaliação de personalidade podem ajudar a trazer à tona crenças subconscientes e padrões de pensamento que precisam ser reavaliados.

Desafio e ressignificação de crenças

A ressignificação das crenças é o processo de reavaliar e modificar as convicções pessoais que, muitas vezes, limitam o potencial de crescimento e bem-estar. Esse processo é profundamente apoiado pela plasticidade neuronal, a capacidade do cérebro de reorganizar suas conexões em resposta a novas experiências, aprendizado e mudanças internas. Por meio da plasticidade neuronal, é possível criar novas sinapses e fortalecer caminhos neurais que suportam crenças mais positivas e capacitadoras, permitindo que indivíduos superem padrões de pensamento limitantes e desenvolvam uma mentalidade mais adaptativa e resiliente.

- **Prática**: pergunte-se: "Essa crença é realmente verdadeira?" ou "Quais evidências eu tenho que contradizem essa crença?". Substitua crenças como "Não sou bom o suficiente" por "Eu sou capaz e estou sempre aprendendo". Substitua a palavra "difícil" pelas palavras "desafiador" ou "desafiadora" e experimente uma grande mudança em sua vida.

Imersão em novas experiências

Novas experiências podem ajudar a reformular crenças limitantes e reforçar valores positivos. Ao sair da zona de conforto e se expor a diferentes perspectivas, as pessoas podem desenvolver novas crenças que apoiem seu crescimento e desenvolvimento.

- **Prática:** participar de workshops, buscar mentoria, ou assumir desafios que exijam novas habilidades pode ser uma maneira eficaz de reformular crenças e reforçar um *mindset* de crescimento.

Apoio e *feedback*

Buscar apoio, seja através de coaching, terapia ou grupos de apoio, pode ser crucial para a transformação de crenças limitantes. O *feedback* de outras pessoas pode fornecer insights valiosos e ajudar a identificar áreas de melhoria.

- **Prática:** envolver-se com uma rede de apoio que encoraje o crescimento pessoal e ofereça *feedback* construtivo pode facilitar a transformação de crenças e a adoção de novos valores.

3. A importância de alinhar crenças e valores com objetivos de vida

Alinhar crenças e valores com os objetivos de vida é essencial para alcançar a realização pessoal e profissional. Quando as crenças e valores estão em harmonia com as ações e decisões, os indivíduos experimentam uma maior sensação de propósito e satisfação.

- **Coerência interna:** indivíduos cujas ações refletem seus valores fundamentais são mais propensos a experimentar bem-estar e equilíbrio emocional. Essa coerência interna também se traduz em maior resiliência diante dos desafios, já que as decisões são guiadas por princípios claros e firmes.
- **Realização de potencial:** ao alinhar crenças e valores com objetivos de vida, os indivíduos são capazes de liberar todo o seu potencial, concentrando-se em metas que realmente importam para eles e que estão alinhadas com suas verdadeiras paixões e habilidades.

Conclusão

As crenças e valores que desenvolvemos ao longo da vida desempenham um papel central em todas as nossas escolhas e ações. Desde a infância até a maturidade, essas crenças moldam nossa percepção do mundo, nossa autoimagem e nossas interações com os outros. Ao entender o ciclo de formação de crenças e sua influência, podemos tomar medidas conscientes para desafiar e transformar crenças limitantes, alinhando nossos valores com nossos objetivos de vida. Essa abordagem não apenas

PLANEJAMENTO 2E – ESTRATÉGICO E EMOCIONAL

promove o crescimento pessoal e profissional, além de nos capacitar a viver de maneira mais autêntica e significativa.

PERFIL COMPORTAMENTAL – TODOS ENTENDENDO QUEM PODE MAIS

O perfil comportamental refere-se ao conjunto de características, padrões de comportamento e traços de personalidade que determinam como uma pessoa age, reage e interage com os outros. Compreender esses perfis é essencial não apenas para o autoconhecimento, mas também para a dinâmica de grupos e equipes dentro de qualquer organização. Quando todos entendem "quem pode mais" em termos de habilidades, competências e inclinações naturais, as forças individuais podem ser mais bem aproveitadas, e as equipes podem ser formadas de maneira a maximizar o potencial coletivo.

O que é perfil comportamental?

O perfil comportamental é uma análise que identifica as principais características de uma pessoa, como sua forma de comunicação, tomada de decisão, abordagem a desafios e interação com outras pessoas. Ferramentas como DISC, MBTI (Myers-Briggs Type Indicator) e Big Five são comumente usadas para mapear esses perfis, categorizando indivíduos em diferentes tipos de comportamento que refletem suas tendências naturais.

O valor do autoconhecimento

Conhecer o próprio perfil comportamental é o primeiro passo para reconhecer onde estão suas forças e limitações. Por exemplo, alguém com um perfil altamente analítico pode se destacar em funções que exigem atenção aos detalhes e pensamento crítico, enquanto uma pessoa com um perfil mais voltado para a ação pode ser excelente em liderar projetos e motivar equipes.

- **Impacto pessoal:** o autoconhecimento permite que os indivíduos alinhem suas carreiras e funções às suas inclinações naturais, aumentando a satisfação no trabalho e o desempenho. Também facilita a identificação de áreas de desenvolvimento pessoal, como a necessidade de melhorar habilidades de comunicação ou de aprender a lidar melhor com o estresse.

Dinâmica de grupo: alinhando perfis para maximizar o potencial

Quando todos em uma equipe entendem os perfis comportamentais dos demais, é possível criar uma sinergia onde cada pessoa contribui de acordo com suas fortalezas. Isso não significa apenas "quem pode mais" em termos de competência técnica, mas "quem pode mais" em influenciar positivamente a equipe, resolver conflitos ou gerar novas ideias.

- **Complementaridade**: em uma equipe, a combinação de diferentes perfis comportamentais pode resultar em um desempenho superior, onde os pontos fortes de um membro compensam as limitações de outro. Por exemplo, um líder visionário pode ser complementado por um gestor detalhista, garantindo que grandes ideias sejam bem executadas.
- **Distribuição de papéis**: com o conhecimento dos perfis comportamentais, é possível distribuir tarefas e responsabilidades de maneira mais eficiente, alocando as pessoas em funções onde possam expressar seu máximo potencial.

Desafios e oportunidades

Nem sempre é fácil aceitar que "quem pode mais" poder variar dependendo do contexto e da tarefa. Reconhecer que outros membros da equipe têm competências ou comportamentos que os tornam mais adequados para certas funções pode ser um desafio para o ego, e isso é essencial para o sucesso coletivo.

- **Crescimento individual**: reconhecer e valorizar as capacidades dos outros pode incentivar o crescimento pessoal, ao mesmo tempo que fomenta um ambiente de colaboração e aprendizado mútuo. Em vez de competir, os membros da equipe aprendem a colaborar e a valorizar as contribuições únicas de cada um.
- **Flexibilidade**: em diferentes situações, o perfil que "pode mais" poder mudar. Alguém pode ser mais adequado para liderar uma iniciativa, enquanto outro pode ser mais eficiente em resolver crises ou manter a equipe unida em momentos difíceis. Essa flexibilidade é vital para o dinamismo e a resiliência de uma equipe.

4. A importância de um ambiente de respeito e inclusão

Para que a compreensão dos perfis comportamentais funcione, é fundamental que haja um ambiente de respeito e inclusão, onde todos os perfis sejam valorizados. Não há um "melhor" ou "pior" perfil comportamental, e sim diferentes formas de contribuir para o sucesso da equipe e da organização.

- **Cultura de respeito**: fomentar uma cultura na qual todos se sintam respeitados e valorizados, independentemente de seu perfil comportamental, é crucial para a coesão e o sucesso da equipe. Isso inclui reconhecer que cada pessoa traz uma perspectiva única que pode enriquecer as decisões e estratégias da equipe.
- **Inclusão de diversidade de pensamento**: a diversidade de perfis comportamentais traz consigo uma diversidade de pensamento que é essencial para a inovação e a resolução de problemas. Equipas que abraçam essa diversidade tendem a ser mais criativas e adaptáveis.

5. Perfil DISC: influência na construção do Plano Estratégico

O modelo DISC é uma ferramenta amplamente utilizada para entender e categorizar os comportamentos humanos em quatro perfis principais: Dominância (D), Influência (I), Estabilidade (S) e Conformidade (C). Cada um desses perfis reflete um conjunto específico de características e tendências comportamentais que influenciam como os indivíduos percebem, abordam e executam tarefas, especialmente em um contexto organizacional. Compreender o perfil DISC de cada membro de uma equipe é crucial para otimizar a contribuição de todos na construção e implementação de um Plano Estratégico eficaz.

O que é o modelo DISC?

O modelo DISC foi desenvolvido por William Marston na década de 1920 e se baseia na ideia de que o comportamento humano pode ser classificado em quatro grandes categorias. Embora cada pessoa possua uma combinação única desses perfis, geralmente um ou dois se destacam como predominantes. A Figura 5 resume as características predominantes na existência mais alta ou mais baixa nos diversos comportamentos identificados;

- **Dominância (D)**: focado em resultados, desafios e ações. Pessoas com alta dominância são assertivas, confiantes e orientadas a metas e podem ser percebidas como impacientes ou insensíveis em algumas situações.
- **Influência (I)**: centrado em interações sociais e persuasão. Pessoas influentes são entusiásticas, carismáticas e motivadas por reconhecimento e aprovação social. Elas tendem a ser comunicativas e, ainda, podem subestimar detalhes e ser mais emotivas.
- **Estabilidade (S)**: enfatiza cooperação, consistência e segurança. Indivíduos com alta estabilidade são pacientes, leais e confiáveis, preferindo ambientes previsíveis e evitando mudanças bruscas. Eles podem resistir a inovações rápidas ou conflitos.
- **Conformidade (C)**: focado em qualidade, precisão e análise. Pessoas conformistas são meticulosas, analíticas e orientadas a regras e normas, buscando a perfeição e a precisão em tudo o que fazem. No entanto, podem ser excessivamente críticas ou hesitar em assumir riscos.

Figura 5 – Principais características dos perfis DISC

Fonte: Decifre e Influencie Pessoas – Deibson Silva e Paulo Vieira

A Influência de cada perfil DISC na construção do Plano Estratégico

Ao construir um Plano Estratégico, é essencial considerar como o estilo de cada perfil DISC contribui para diferentes etapas do processo. A Figura 6 apresenta os estilos que predominam em cada estilo comportamental. Um plano bem-sucedido requer uma combinação equilibrada das habilidades e perspectivas que cada perfil traz.

Perfil Dominância (D): foco em resultados e tomada de decisão

Indivíduos com alta Dominância desempenham um papel vital na fase inicial de elaboração do Plano Estratégico, especialmente em:

- **Definição de metas**: esses profissionais são orientados para o sucesso e não têm medo de estabelecer metas desafiadoras. Eles impulsionam a equipe a pensar grande e a se concentrar nos resultados desejados, sendo decisivos e assertivos na tomada de decisões críticas.
- **Superação de desafios**: com uma atitude proativa e orientada para a ação, aqueles com perfil D são cruciais para identificar obstáculos potenciais e elaborar estratégias para superá-los. Sua capacidade de agir rapidamente é vital em ambientes dinâmicos onde as mudanças são constantes.
- **Impacto**: embora possam ser vistos como implacáveis, sua determinação e capacidade de impulsionar a ação ajudam a manter o Plano Estratégico no rumo certo, garantindo que a organização continue avançando em direção aos objetivos estabelecidos.

Perfil Influência (I): comunicação e motivação

O perfil de Influência é fundamental para:

- **Engajamento e comunicação**: pessoas com alta influência são mestres em comunicação e são essenciais para disseminar a visão estratégica e inspirar os outros a se engajarem no plano. Eles criam um ambiente de entusiasmo e colaboração, promovendo a adesão ao Plano Estratégico em todos os níveis da organização.
- *Networking* **e relacionamentos**: são excelentes em construir e manter redes de relacionamento, tanto dentro quanto fora da organização, o que pode ser crucial para parcerias estratégicas e alianças que sustentam o plano.
- **Impacto**: ao trazer energia positiva e promover a colaboração, o perfil I ajuda a manter a moral alta e a assegurar que o Plano Estratégico seja bem compreendido e apoiado por todos os envolvidos.

Perfil Estabilidade (S): consistência e implementação

Pessoas com alta Estabilidade são essenciais para:

- **Execução e implementação:** esse perfil se destaca na implementação de estratégias, garantindo que o Plano Estratégico seja seguido de forma consistente e que os processos sejam mantidos estáveis. Eles trabalham para garantir que o plano seja executado com precisão e no tempo certo.
- **Gestão de mudança:** embora prefiram ambientes estáveis, as pessoas com perfil S são eficazes em gerenciar mudanças de maneira gradual e controlada, minimizando a resistência e ajudando a organização a se adaptar de maneira suave.
- **Impacto:** sua natureza paciente e cooperativa assegura que todos os detalhes do Plano Estratégico sejam meticulosamente cuidados, garantindo uma implementação estável e eficaz.

Perfil Conformidade (C): análise e qualidade

O perfil de Conformidade é indispensável para:

- **Análise e planejamento detalhado:** esses indivíduos são responsáveis por assegurar que o Plano Estratégico seja rigorosamente analisado e que cada aspecto seja cuidadosamente planejado. Eles são meticulosos na avaliação de riscos, verificando que as estratégias sejam baseadas em dados sólidos e análises detalhadas.
- **Qualidade e compliance:** garantem que o plano esteja em conformidade com todas as regulamentações e padrões, protegendo a organização de possíveis riscos legais ou operacionais. Sua atenção aos detalhes assegura que nada seja deixado ao acaso.
- **Impacto:** embora possam ser vistos como excessivamente cautelosos, sua abordagem meticulosa é fundamental para assegurar que o Plano Estratégico seja robusto, preciso e de alta qualidade, minimizando riscos e maximizando a eficiência.

A sinergia dos perfis DISC no Plano Estratégico

Um Plano Estratégico bem-sucedido depende da sinergia entre os diferentes perfis DISC. Cada perfil traz uma perspectiva e uma competência únicas que, quando combinadas, criam uma abordagem holística e equilibrada para a estratégia organizacional.

- **Equilíbrio e colaboração**: enquanto o perfil D impulsiona a organização para alcançar metas ambiciosas, o perfil I garante que todos estejam motivados e alinhados com a visão. Simultaneamente, o perfil S assegura que a implementação seja estável e coerente, enquanto o perfil C mantém a qualidade e a precisão.

- **Diversidade de pensamento**: a diversidade dos perfis DISC dentro de uma equipe estratégica fomenta a inovação e a criatividade, ao mesmo tempo que protege a organização de cegueiras estratégicas. Cada perfil desafia os outros a pensar de maneira mais ampla e cuidadosa.

Figura 6 – Estilos comportamentais dos perfis DISC

Estilos de personalidade - DISC

Executor ou Dominante (D)

Pessoas com estilo D são assertivas, determinadas e focadas em resultados. Elas gostam de tomar decisões rápidas e assumir desafios.

Comunicador ou Influente (I)

Pessoas com estilo I são carismáticas, entusiastas e focadas em relacionamentos. Elas gostam de interagir com os outros e inspirar as pessoas.

Planejador ou Estável (S)

Pessoas com estilo S são pacientes, colaborativas e focadas na consistência. Elas valorizam a segurança e preferem ambientes previsíveis.

Analista ou Consciente (C)

Pessoas com estilo C são analíticas, perfeccionistas e focadas em detalhes. Elas gostam de seguir regras e procedimentos com precisão.

Fonte: Decifre e Influencie Pessoas – Deibson Silva e Paulo Vieira

Aplicação prática: construindo equipes estratégicas com o DISC

Na prática, a aplicação do DISC na construção do Plano Estratégico envolve:

- **Mapeamento de perfis**: identificar o perfil DISC de cada membro da equipe para entender suas inclinações e como eles podem contribuir para diferentes fases do plano.

- **Alocação estratégica**: alocar tarefas e responsabilidades de acordo com os perfis comportamentais, garantindo que cada pessoa esteja trabalhando nas áreas onde pode oferecer o maior impacto.

- **Desenvolvimento e treinamento:** fornecer treinamento e desenvolvimento para ajudar os membros da equipe a entenderem melhor seus próprios perfis e os dos outros, promovendo uma colaboração mais eficaz.

Conclusão

Entender o perfil comportamental de cada membro da equipe e reconhecer "quem pode mais" em diferentes contextos é um passo essencial para otimizar o desempenho organizacional. Isso vai além de simplesmente identificar habilidades técnicas ou competências; trata-se de alinhar as forças naturais de cada indivíduo com as necessidades da equipe e da organização. Quando todos têm clareza sobre suas próprias capacidades e as dos outros e quando essa diversidade é respeitada e valorizada, as equipes não só maximizam seu potencial, assim como criam um ambiente de trabalho mais harmonioso e colaborativo, onde cada pessoa pode verdadeiramente "dar o seu melhor". Ao reconhecer e valorizar as contribuições únicas de cada perfil, as organizações podem construir planos mais robustos, adaptáveis e eficazes, que não apenas refletem a diversidade de pensamento, mas também maximizam o potencial de cada membro da equipe. A sinergia entre os diferentes perfis DISC é, portanto, essencial para transformar a estratégia em ação e garantir que a organização atinja seus objetivos de maneira sustentável e bem-sucedida.

VIÉS COGNITIVO – DECIDINDO POR GATILHOS EMOCIONAIS DISPARADOS

O viés cognitivo refere-se às tendências sistemáticas de pensamento que afetam a tomada de decisões e julgamentos. Essas distorções no processamento de informações ocorrem devido a gatilhos emocionais que, muitas vezes, operam de maneira inconsciente, levando a decisões que podem não ser racionais ou baseadas em dados objetivos. No contexto organizacional, entender e mitigar o impacto dos vieses cognitivos é crucial para a construção de um Plano Estratégico mais eficaz e alinhado com os objetivos da empresa.

Daniel Kahneman, em seu livro *Rápido e devagar: duas formas de pensar* (*Thinking, Fast and Slow*), descreve dois sistemas de pensamento que influenciam a tomada de decisões humanas:

Sistema 1 (rápido):

- Operação automática e rápida, com pouco ou nenhum esforço.
- Baseia-se em heurísticas e intuições.
- É emocional e instintivo, respondendo rapidamente às situações.
- Exemplos: reconhecimento de rostos, dirigir em uma estrada vazia, completar a frase "três mais três é...".

Sistema 2 (devagar):

- Requer esforço e atenção para atividades mentais complexas.
- Analítico e lógico, envolvido em tarefas que exigem concentração e reflexão.
- É ativado quando enfrentamos situações novas ou desafiadoras.
- Exemplos: resolver um problema matemático complexo, decidir onde investir dinheiro, planejar uma viagem detalhada.

Kahneman argumenta que o **Sistema 1** frequentemente nos guia bem e pode levar a erros e vieses quando enfrenta problemas que requerem um pensamento mais profundo. O **Sistema 2** pode corrigir esses erros, é mais lento e consome mais energia. A interação entre esses dois sistemas molda nossas decisões e comportamentos cotidianos.

O que isso pode interferir em um processo de planejamento estratégico

No contexto do planejamento estratégico, os princípios de Daniel Kahneman sobre os sistemas de pensamento rápido e devagar têm várias implicações importantes:

Reconhecimento e mitigação de vieses cognitivos:

- **Vieses do Sistema 1**: como o Sistema 1 é rápido e automático, ele pode introduzir vieses cognitivos (como o excesso de confiança, o viés de confirmação e a aversão à perda) no processo de planejamento. Reconhecer esses vieses ajuda a mitigá-los.
- **Intervenção do Sistema 2**: promover um pensamento mais deliberado e analítico (Sistema 2) pode ajudar a corrigir esses vieses, garantindo decisões mais fundamentadas e racionais.

Tomada de decisão equilibrada:

- **Decisões intuitivas:** em algumas situações, confiar nas intuições rápidas do Sistema 1 pode ser vantajoso, especialmente quando os líderes têm experiência significativa em determinadas áreas.
- **Análise detalhada:** para decisões estratégicas complexas, é crucial engajar o Sistema 2, que permite uma análise detalhada de dados, considerações de longo prazo e avaliações de riscos e oportunidades.

Tempo e recursos:

- **Eficiência do Sistema 1:** em um ambiente dinâmico, decisões rápidas são frequentemente necessárias. No entanto, a eficiência do Sistema 1 deve ser equilibrada com a precisão do Sistema 2.
- **Alocação de recursos:** o planejamento estratégico deve considerar quando é apropriado dedicar tempo e recursos para um pensamento mais profundo, *versus* quando confiar em decisões rápidas e intuitivas.

Engajamento da equipe:

- **Diversidade de pensamento:** encorajar a equipe a contribuir com perspectivas diferentes pode ajudar a equilibrar as intuições rápidas e as análises detalhadas.
- **Discussões críticas:** criar um ambiente onde questionamentos e discussões críticas são incentivados pode ajudar a ativar o Sistema 2 de maneira mais eficaz.

Avaliação de riscos:

- **Riscos imediatos *vs.* riscos a longo prazo:** o Sistema 1 pode subestimar riscos a longo prazo, devido à sua natureza imediata. O planejamento estratégico deve envolver o Sistema 2 para avaliar de forma abrangente os riscos futuros.

Adaptação e flexibilidade:

- **Resposta a mudanças:** um planejamento estratégico eficaz deve ser flexível o suficiente para permitir ajustes rápidos (Sistema 1) quando necessário, além de ser baseado em uma análise sólida e deliberada (Sistema 2).

Integrar os princípios de Kahneman no processo de Planejamento Estratégico ajuda a criar uma abordagem mais equilibrada, consciente dos vieses e capaz de tomar decisões mais informadas e robustas.

Principais vieses cognitivos que influenciam decisões estratégicas

Ao elaborar e executar um Plano Estratégico, vários vieses cognitivos podem influenciar o processo de decisão. Compreender esses vieses é essencial para criar um plano que seja verdadeiramente objetivo e eficaz.

Viés de confirmação

- **Descrição**: o viés de confirmação ocorre quando as pessoas favorecem informações que confirmam suas crenças prévias, ignorando ou subestimando dados contrários. Isso pode levar à persistência em estratégias ineficazes simplesmente porque elas foram inicialmente aceitas como válidas.
- **Impacto no Plano Estratégico**: quando os líderes estão presos ao viés de confirmação, eles podem ignorar sinais de que uma estratégia não está funcionando ou resistir a novas ideias que desafiem o status quo. Isso pode resultar em um Plano Estratégico que não é adaptável às mudanças do mercado ou às novas informações.

Viés de ancoragem

- **Descrição**: o viés de ancoragem ocorre quando as pessoas dependem demais da primeira informação recebida (a âncora) ao tomar decisões subsequentes. Isso pode levar a julgamentos distorcidos, em que decisões estratégicas são baseadas em dados ou percepções iniciais, sem considerar mudanças ou novas evidências.
- **Impacto no Plano Estratégico**: no contexto do planejamento estratégico, o viés de ancoragem pode fazer com que as previsões financeiras ou metas organizacionais sejam excessivamente influenciadas por estimativas iniciais, mesmo que novos dados sugiram que essas estimativas estão erradas.

Viés de disponibilidade

- **Descrição**: o viés de disponibilidade ocorre quando as pessoas avaliam a probabilidade de um evento com base na facilidade com que exemplos vêm à mente. Isso pode levar a superestimativas ou subestimativas de riscos e oportunidades, dependendo da recente exposição a certos eventos.

- **Impacto no Plano Estratégico**: um exemplo desse viés pode ser visto quando uma organização reage de forma exagerada a uma crise recente ou subestima a probabilidade de um risco simplesmente porque não o enfrentou recentemente. Isso pode resultar em planos que não são equilibrados ou que falham em preparar a organização para desafios futuros.

Viés de otimismo

- **Descrição**: o viés de otimismo leva as pessoas a subestimarem os riscos e superestimar os resultados positivos de suas decisões. Esse viés é particularmente perigoso no planejamento estratégico, onde a subestimação de desafios pode resultar em planos que são excessivamente ambiciosos ou mal preparados para contratempos.
- **Impacto no Plano Estratégico**: o viés de otimismo pode levar a uma superestimação das capacidades da organização ou subestimação dos desafios do mercado, resultando em estratégias que são difíceis de implementar ou que falham em atingir os objetivos estabelecidos.

Como integrar os dois sistemas em um planejamento estratégico

Integrar os dois sistemas de pensamento descritos por Daniel Kahneman no processo de planejamento estratégico envolve equilibrar a intuição rápida e a análise lenta. Aqui, estão algumas formas práticas de fazer isso:

Criação de protocolos para decisões rápidas e lentas:

- **Decisões rápidas**: defina critérios claros para quando é apropriado tomar decisões rápidas baseadas em intuição. Essas situações geralmente envolvem problemas familiares ou de baixo risco.
- **Decisões lentas**: estabeleça procedimentos para decisões que requerem análise detalhada, incluindo a coleta de dados, avaliação de alternativas e discussão em equipe. Essas são mais apropriadas para problemas complexos ou de alto impacto.

Uso de checklists e ferramentas de avaliação:

- **Checklists**: utilize checklists para assegurar que todas as considerações importantes sejam feitas, ajudando a mitigar vieses do Sistema 1.
- **Ferramentas analíticas**: ferramentas como Strengths, Weaknesses, Opportunities, Threats (SWOT), análise de cenários e outras técnicas estruturadas ajudam a engajar o Sistema 2.

Sessões de *brainstorming* e reflexão

- **Brainstorming**: encoraje sessões de *brainstorming* para gerar ideias e soluções rápidas, aproveitando a criatividade e a intuição do Sistema 1.
- **Reflexão**: após o *brainstorming*, dedique tempo para reflexão e análise detalhada das ideias geradas, permitindo que o Sistema 2 refine e valide essas ideias.

Diversificação de perspectivas:

- **Diversidade de equipes**: forme equipes diversificadas com diferentes experiências e perspectivas. Isso ajuda a equilibrar intuições rápidas com análises detalhadas, pois diferentes membros podem ativar os dois sistemas de pensamento.
- **_Feedback_ cruzado**: incentive a revisão cruzada e o *feedback* entre membros da equipe para garantir que tanto as intuições quanto as análises sejam consideradas.

Iteração e testes:

- **Prototipagem rápida**: em projetos inovadores, use prototipagem rápida para testar ideias intuitivas. Isso permite ajustes rápidos com base em *feedback* real.
- **Análise preditiva**: combine prototipagem com análises preditivas mais lentas para avaliar o impacto potencial e os riscos das ideias testadas.

Capacitação e treinamento:

- **Treinamento em tomada de decisão**: ofereça treinamento para a equipe sobre os vieses cognitivos e como mitigá-los, aumentando a consciência sobre quando ativar o Sistema 2.
- **Desenvolvimento de intuições**: treine a equipe em situações específicas para desenvolver intuições mais precisas e confiáveis.

Uso de dados e intuição:

- **Combinação de dados e intuição**: incentive o uso de dados para informar intuições rápidas. Por exemplo, *dashboards* de métricas-chave podem fornecer insights rápidos (Sistema 1) que são posteriormente analisados em profundidade (Sistema 2).
- **Monitoramento contínuo**: estabeleça sistemas de monitoramento contínuo para ajustar rapidamente as decisões com base em novos dados e insights.

Ao combinar esses métodos, você cria um ambiente de planejamento estratégico que aproveita o melhor dos dois sistemas de pensamento, resultando em decisões mais equilibradas e eficazes.

A influência dos vieses cognitivos nas decisões estratégicas, táticas e operacionais

Os vieses cognitivos são distorções sistemáticas no processamento da informação que podem influenciar negativamente as decisões em todos os níveis da organização: estratégico, tático e operacional. A seguir, estão alguns exemplos de como esses vieses podem afetar cada tipo de decisão:

DECISÕES ESTRATÉGICAS

Viés de confirmação:

- **Influência**: os tomadores de decisão podem buscar e valorizar apenas informações que confirmem suas crenças ou planos estratégicos, ignorando evidências contrárias.
- **Exemplo**: uma empresa pode continuar investindo em um mercado em declínio, porque os líderes estão confiantes de que suas estratégias eventualmente trarão resultados, apesar das evidências contrárias.

Excesso de confiança:

- **Influência**: os líderes podem superestimar suas capacidades e a precisão de suas previsões, levando a decisões arriscadas ou mal-informadas.
- **Exemplo**: um CEO pode assumir que a empresa será capaz de superar facilmente a concorrência, sem considerar adequadamente os desafios e riscos.

Viés de otimismo:

- **Influência**: pode levar a subestimar os riscos e superestimar os resultados positivos, resultando em projeções financeiras irrealistas e metas estratégicas inalcançáveis.
- **Exemplo**: definir metas de crescimento excessivamente ambiciosas, sem considerar os obstáculos reais do mercado.

DECISÕES TÁTICAS

Efeito de ancoragem:

- **Influência**: decisões táticas podem ser influenciadas por informações iniciais (âncoras), mesmo que irrelevantes ou desatualizadas.
- **Exemplo**: um gerente pode decidir o orçamento para um novo projeto com base nos custos de um projeto antigo, sem considerar mudanças nos preços ou na escala do novo projeto.

Viés de disponibilidade:

- **Influência**: decisões podem ser baseadas em informações que são facilmente lembradas, em vez de informações mais relevantes ou completas.
- **Exemplo**: um gerente pode alocar recursos para uma área de negócios que teve um recente sucesso visível, ignorando áreas que consistentemente precisam de mais apoio.

Viés de status quo:

- **Influência**: preferência pela manutenção do estado atual, evitando mudanças ou inovações necessárias.
- **Exemplo**: manter processos ou tecnologias desatualizados, porque os tomadores de decisão são avessos a mudanças.

DECISÕES OPERACIONAIS

Viés de recência ou do que é recente

- **Influência**: dar mais peso a eventos recentes ao tomar decisões diárias, negligenciando dados históricos ou tendências de longo prazo.
- **Exemplo**: ajustar a produção com base em um pico recente de demanda, sem considerar a média de longo prazo.

Efeito Halo:

- **Influência**: a percepção positiva (ou negativa) de uma característica influenciando a avaliação de outras características.
- **Exemplo**: um supervisor pode avaliar o desempenho geral de um funcionário com base em um único sucesso recente, ignorando falhas passadas.

Viés de ação:

- **Influência**: a tendência de preferir a ação sobre a inação, mesmo quando a melhor opção pode ser esperar ou fazer menos.
- **Exemplo**: tomar medidas desnecessárias para resolver um problema menor, potencialmente criando problemas.

MITIGAÇÃO DOS VIESES COGNITIVOS

Educação e conscientização:

- Treinar a equipe sobre os diferentes tipos de vieses cognitivos e suas influências.

Processos estruturados:

- Implementar processos de tomada de decisão que incluem etapas para revisão e validação, assegurando que todas as opções sejam consideradas de maneira justa.

Diversificação de equipes:

- Envolver equipes diversas nas decisões para trazer múltiplas perspectivas e reduzir a influência de vieses individuais.

Uso de dados e análises:

- Basear decisões em dados empíricos e análises rigorosas, em vez de intuições ou suposições

Feedback contínuo:

- Estabelecer sistemas de _feedback_ e revisão para avaliar decisões passadas e aprender com os erros.

Ao entender e mitigar os vieses cognitivos, as organizações podem melhorar significativamente a qualidade de suas decisões estratégicas, táticas e operacionais.

Conclusão

Os vieses cognitivos, alimentados por gatilhos emocionais, desempenham um papel significativo na forma como decisões estratégicas são tomadas. Reconhecer e mitigar esses vieses é essencial para garantir que o Plano Estratégico de uma organização seja baseado em raciocínios sólidos e dados objetivos, e não em distorções emocionais. Ao adotar uma abordagem mais consciente e estruturada para a tomada de decisões, as organizações podem não apenas evitar armadilhas comuns, devendo criar estratégias mais resilientes e adaptáveis, capazes de prosperar em um ambiente de negócios cada vez mais complexo e dinâmico.

CULTURA ORGANIZACIONAL: COMO A CULTURA AFETA A ESTRATÉGIA E A NECESSIDADE DE ALINHAMENTO COM OS OBJETIVOS ESTRATÉGICOS

A cultura organizacional é o conjunto de valores, crenças, normas e práticas que definem como as pessoas dentro de uma organização se comportam e interagem. Ela atua como uma força invisível que molda comportamentos, influencia decisões e direciona o modo como os membros da organização percebem e respondem ao ambiente interno e externo. Quando se trata de estratégia, a cultura organizacional pode ser tanto um facilitador quanto uma barreira. Portanto, alinhar a cultura com os objetivos estratégicos é crucial para garantir que a estratégia seja implementada de maneira eficaz e que a organização possa alcançar seus objetivos de longo prazo.

O que é cultura organizacional?

A cultura organizacional é muitas vezes descrita como "a maneira como as coisas são feitas por aqui". Ela se desenvolve ao longo do tempo e é influenciada por vários fatores, incluindo a história da empresa, as lideranças, as políticas, os sistemas e, mais importante, os valores compartilhados pelos membros da organização.

- **Valores e crenças:** os valores são os princípios fundamentais que guiam o comportamento e a tomada de decisões dentro da organização. Eles influenciam o que é considerado importante e aceitável, moldando a cultura em todos os níveis.

- **Normas e práticas:** as normas são as regras informais que determinam como as pessoas devem se comportar em diferentes situações. Práticas são as ações repetitivas e rotinas que reforçam a cultura e ajudam a mantê-la viva.

- **Símbolos e linguagem:** a cultura também se expressa por meio de símbolos, como logotipos, rituais, histórias corporativas, e até mesmo na linguagem usada pelos colaboradores. Esses elementos reforçam e comunicam os valores centrais da organização.

A influência da cultura na estratégia

A cultura organizacional pode ter um impacto profundo na forma como uma estratégia é elaborada e, mais importante, na sua execução. Enquanto uma cultura alinhada à estratégia pode impulsionar o sucesso, uma cultura que está em desacordo com a estratégia pode ser um obstáculo significativo.

a. Cultura como facilitadora da estratégia

- **Alinhamento com valores:** quando a cultura organizacional está alinhada aos objetivos estratégicos, ela pode facilitar a implementação da estratégia. Por exemplo, uma cultura que valoriza a inovação e o risco controlado pode ser um grande facilitador para uma estratégia de crescimento baseada em novos produtos e mercados.

- **Engajamento dos colaboradores:** uma cultura que promove o engajamento, a comunicação aberta e a colaboração pode aumentar significativamente o comprometimento dos colaboradores com a estratégia, assegurando que todos estejam alinhados e trabalhando na mesma direção.

- **Agilidade e adaptabilidade**: culturas que incentivam a flexibilidade e a capacidade de resposta rápida às mudanças são mais capazes de ajustar suas estratégias em resposta a novas oportunidades ou ameaças, tornando a organização mais resiliente.

b. Cultura como barreira à estratégia

- **Resistência à mudança**: se a cultura organizacional valoriza a estabilidade e a tradição acima de tudo, pode haver uma resistência significativa a estratégias que envolvam mudanças substanciais. Isso pode levar a um atraso na implementação da estratégia ou até mesmo ao fracasso.

- **Incompatibilidade com a estratégia**: uma cultura que valoriza o controle rígido e a aversão ao risco pode ser incompatível com estratégias que exigem inovação, experimentação e rapidez na tomada de decisões, limitando a eficácia da estratégia.

- **Desalinhamento de valores**: quando os valores culturais não estão alinhados à estratégia, pode haver uma falta de coesão e comprometimento, o que resulta em baixa moral e desempenho insatisfatório. Isso pode criar um ambiente onde a estratégia, por mais bem planejada que seja, falha em se traduzir em ação.

Alinhamento da cultura com os objetivos estratégicos

Para garantir que a cultura organizacional apoie a estratégia, é essencial que haja um alinhamento claro entre os dois. Esse alinhamento pode ser alcançado por meio de uma série de práticas e intervenções.

a. Avaliação da cultura atual

- **Diagnóstico cultural**: antes de alinhar a cultura à estratégia, é fundamental entender a cultura atual da organização. Isso pode ser feito por meio de pesquisas, entrevistas e grupos focais que avaliem os valores, crenças, normas e práticas predominantes.

- **Identificação de Gaps**: comparar a cultura atual com os requisitos culturais necessários para a implementação bem-sucedida da estratégia ajuda a identificar lacunas que precisam ser preenchidas.

b. Mudança e transformação cultural

- **Liderança e comunicação**: a liderança desempenha um papel crítico na mudança cultural. Líderes devem modelar os comportamentos desejados e comunicar de forma clara e consistente a importância do alinhamento entre cultura e estratégia.
- **Treinamento e desenvolvimento**: oferecer programas de treinamento e desenvolvimento que reforcem os valores e comportamentos necessários para apoiar a estratégia é essencial para efetuar mudanças culturais duradouras.
- **Revisão de políticas e sistemas**: as políticas, sistemas de recompensas e processos organizacionais devem ser ajustados para reforçar a cultura desejada. Por exemplo, se a estratégia exige maior inovação, os sistemas de recompensa devem reconhecer e premiar a criatividade e a tomada de riscos.

c. Sustentação do alinhamento

- **Monitoramento contínuo**: a cultura organizacional não é estática. É importante monitorar continuamente o alinhamento entre cultura e estratégia, fazendo ajustes conforme necessário para garantir que a cultura continue a apoiar os objetivos estratégicos.
- ***Feedback* e ajustes**: criar mecanismos de *feedback* em que os colaboradores possam expressar suas percepções sobre a cultura e sua adequação à estratégia permite ajustes ágeis e mantém a organização no caminho certo.

Cultura organizacional como vantagem competitiva

Quando a cultura organizacional está alinhada à estratégia, ela pode se tornar uma poderosa vantagem competitiva. Uma cultura forte e alinhada à estratégia não só facilita a implementação de planos estratégicos, mas também atrai talentos, promove a lealdade dos colaboradores e melhora a reputação da empresa no mercado.

- **Atratividade para talentos**: organizações com culturas fortes e alinhadas aos seus objetivos estratégicos são mais atraentes para talentos de alto nível que compartilham dos mesmos valores.
- **Fidelidade e retenção de colaboradores**: uma cultura organizacional positiva e alinhada à estratégia promove maior engajamento e satisfação dos colaboradores, o que, por sua vez, reduz a rotatividade e aumenta a retenção de talentos.
- **Reputação e marca**: a cultura organizacional afeta diretamente a percepção externa da empresa. Uma cultura que apoia e reforça a estratégia contribui para uma marca forte e respeitada, criando uma sinergia que impulsiona o sucesso organizacional.

Conclusão

A cultura organizacional e a estratégia devem caminhar lado a lado. Sem um alinhamento entre esses dois elementos, a execução da estratégia pode ser comprometida, resultando em desempenho abaixo do esperado. As organizações que conseguem alinhar sua cultura aos seus objetivos estratégicos criam um ambiente onde a estratégia não só é implementada com eficácia, tornando-se um reflexo natural dos valores e práticas que definem a organização. Ao entender e gerenciar a cultura organizacional, as empresas podem transformar a cultura em um ativo estratégico poderoso, capaz de impulsionar o sucesso e a sustentabilidade a longo prazo.

Capítulo 3

INTELIGÊNCIA EMOCIONAL NO PLANEJAMENTO ESTRATÉGICO

A imaginação é mais importante que o saber. Saber é limitado. A imaginação dá voltas ao mundo.
(Albert Einstein)

CONCEITO DE INTELIGÊNCIA EMOCIONAL: INTRODUÇÃO AOS FUNDAMENTOS E SUA APLICAÇÃO NO AMBIENTE CORPORATIVO

A Inteligência Emocional (IE) é a capacidade de reconhecer, compreender e gerenciar as próprias emoções, assim como a habilidade de perceber, interpretar e influenciar as emoções dos outros. No ambiente corporativo, especialmente no contexto do Planejamento Estratégico, a Inteligência Emocional desempenha um papel fundamental. Ela não apenas afeta a forma como líderes e equipes interagem, ela também influencia diretamente a eficácia com que as estratégias são formuladas e executadas. Ao integrar a Inteligência Emocional no processo de Planejamento Estratégico, as organizações podem melhorar a tomada de decisões, fortalecer a coesão da equipe e aumentar a resiliência frente aos desafios.

O que é Inteligência Emocional?

A Inteligência Emocional, um conceito popularizado por Daniel Goleman, envolve cinco principais pilares que são essenciais para o desenvolvimento pessoal e profissional, conforme apresentado na Figura 7. Esses componentes são:

- **Autoexpressão**: a capacidade de reconhecer e compreender suas próprias emoções e o impacto que elas têm em seus pensamentos e comportamentos. Respeitar a si mesmo, conhecer seus pontos fortes e fracos, evoluir de forma contínua e ter propósito. No contexto corporativo, a autoconsciência ajuda líderes e colaboradores a identificarem como suas emoções podem influenciar suas decisões e interações.

- **Tomada de decisão:** a capacidade de entender o quanto as emoções dos outros causam impacto na tomada de decisão e responder com empatia. A habilidade de conter um impulso, tendência ou tentação de agir de forma imprudente, gerenciar conflitos e trabalhar em equipe. Esse componente é crucial para garantir que a estratégia seja bem comunicada e implementada em toda a organização.

- **Gerência do estresse:** a habilidade de controlar e redirecionar emoções negativas, manter a calma sob pressão e adaptar-se às mudanças. Uma boa autogestão permite que os profissionais ajam de maneira coerente com os objetivos estratégicos, mesmo em situações de estresse.

- **Interpessoalidade:** entender a importância da colaboração individual num sistema coletivo e gregário, ter compaixão e visão do próximo, além de contribuir voluntariamente com a sociedade, agindo de forma sustentável e responsável. No Planejamento Estratégico, a consciência social ajuda a considerar as necessidades e perspectivas de todos os *stakeholders*, promovendo um ambiente de colaboração e confiança.

- **Autopercepção:** a paixão por trabalhar em prol de objetivos internos e não por recompensas externas, como dinheiro ou status. Saber expressar verdadeiramente seus sentimentos, crenças e pensamentos, mantendo-se livre da dependência emocional dos outros. Profissionais com alta motivação interna são mais comprometidos com a execução da estratégia e têm maior resiliência diante de obstáculos.

Figura 7 – Infográfico Inteligência Emocional

Fonte: elaborada pelo autor

A aplicação da Inteligência Emocional no planejamento estratégico

Integrar a Inteligência Emocional no planejamento estratégico não é apenas uma tendência, mas uma necessidade para garantir que a estratégia seja executada de forma eficaz. Aqui, estão algumas formas pelas quais a Inteligência Emocional pode ser aplicada no contexto estratégico:

A melhor tomada de decisão

- **Decisões baseadas em dados e emoções**: a Inteligência Emocional permite que os líderes equilibrem dados racionais com a intuição emocional, resultando em decisões mais equilibradas e eficazes. Compreender como as emoções, tanto as próprias quanto as dos outros, influenciam a percepção e o julgamento pode prevenir decisões impulsivas ou mal fundamentadas.

- **Reconhecimento de vieses**: líderes emocionalmente inteligentes estão mais aptos a reconhecer e mitigar vieses cognitivos que podem distorcer a tomada de decisões estratégicas. Ao fazer isso, eles garantem que as decisões sejam mais objetivas e alinhadas com os objetivos organizacionais.

Fortalecimento da coesão e colaboração da equipe

- **Empatia e colaboração:** a Inteligência Emocional promove a empatia, que é essencial para a construção de equipes coesas e colaborativas. No Planejamento Estratégico, essa empatia ajuda a garantir que todas as vozes sejam ouvidas e que as estratégias reflitam as necessidades e preocupações de todos os *stakeholders*.
- **Gestão de conflitos:** conflitos são inevitáveis em qualquer processo de planejamento estratégico, mas líderes com alta Inteligência Emocional são capazes de gerenciar e resolver esses conflitos de maneira construtiva. Isso não só preserva e fortalece os relacionamentos dentro da equipe, criando um ambiente mais harmonioso e produtivo.

Resiliência e adaptabilidade

- **Gestão do estresse:** o processo de Planejamento Estratégico pode ser estressante, especialmente em tempos de incerteza. A Inteligência Emocional capacita os líderes a gerenciarem o estresse de maneira eficaz, mantendo a calma e a clareza em momentos críticos, o que é essencial para tomar decisões estratégicas sob pressão.
- **Flexibilidade e adaptação:** organizações enfrentam mudanças constantes e inesperadas. A Inteligência Emocional contribui para a adaptabilidade dos líderes e das equipes, permitindo que a estratégia seja ajustada rapidamente em resposta a novos desafios ou oportunidades.

Comunicação eficaz da estratégia

- **Comunicação clara e inspiradora:** líderes emocionalmente inteligentes são capazes de comunicar a estratégia de forma clara, inspiradora e motivadora, garantindo que todos na organização compreendam e se comprometam com os objetivos estratégicos.
- **Escuta ativa e *feedback*:** além de comunicar a estratégia, a Inteligência Emocional permite que os líderes pratiquem a escuta ativa e acolham o *feedback* de maneira construtiva. Isso assegura que a estratégia esteja em constante alinhamento às realidades e percepções dos colaboradores.

Benefícios da Inteligência Emocional no ambiente corporativo

A Inteligência Emocional, além de melhorar a eficácia do Planejamento Estratégico, traz uma série de benefícios ao ambiente corporativo como um todo:

- **Aumento do engajamento**: colaboradores que se sentem compreendidos e valorizados são mais engajados e comprometidos com o sucesso da organização. A Inteligência Emocional ajuda a criar um ambiente onde os colaboradores se sentem motivados a contribuir para a realização dos objetivos estratégicos.
- **Redução de Turnover**: um ambiente de trabalho que valoriza a Inteligência Emocional tende a ter menor rotatividade, pois os colaboradores se sentem mais satisfeitos e conectados com a cultura organizacional e a liderança.
- **Melhoria da reputação corporativa**: organizações que promovem a Inteligência Emocional são vistas como mais éticas, humanas e responsáveis, o que melhora a reputação da empresa no mercado e entre os clientes.

Desenvolvendo Inteligência Emocional no contexto estratégico

Para maximizar os benefícios da Inteligência Emocional no planejamento estratégico, é importante que as organizações invistam no desenvolvimento dessa competência em todos os níveis.

- **Treinamento e desenvolvimento**: programas de treinamento focados em IE devem ser oferecidos aos líderes e equipes para aprimorar suas habilidades de autogestão, empatia e comunicação.
- **Coaching e mentoria**: o *coaching* individualizado ou em equipe pode ajudar líderes a desenvolver uma maior autoconsciência e a aplicar a Inteligência Emocional em suas interações diárias e no processo de tomada de decisões estratégicas.
- **Incorporação da IE na cultura organizacional**: para que a Inteligência Emocional tenha um impacto duradouro, ela deve ser integrada à cultura organizacional, sendo valorizada e recompensada em todos os níveis da empresa.

Conclusão

A Inteligência Emocional é um componente essencial para o sucesso do planejamento estratégico no ambiente corporativo. Ao integrar a IE na formulação e execução da estratégia, as organizações podem melhorar a tomada de decisões, fortalecer a colaboração e a coesão da equipe e aumentar a resiliência em face das adversidades. Em última análise, a Inteligência Emocional apoia a estratégia, além de contribuir para a construção de uma cultura organizacional mais forte, engajada e alinhada aos objetivos de longo prazo da empresa.

LIDERANÇA EMOCIONALMENTE INTELIGENTE: O IMPACTO DE LÍDERES QUE COMPREENDEM E GERENCIAM EMOÇÕES NA FORMULAÇÃO E IMPLEMENTAÇÃO DE ESTRATÉGIAS

A liderança emocionalmente inteligente é uma das competências mais valiosas no cenário corporativo moderno. Em um ambiente de negócios cada vez mais complexo e dinâmico, a capacidade de um líder de reconhecer, compreender e gerenciar tanto as suas próprias emoções quanto as de sua equipe pode fazer a diferença entre o sucesso e o fracasso de uma organização. Líderes emocionalmente inteligentes não apenas formulam estratégias eficazes, mas também asseguram que essas estratégias sejam implementadas com eficiência e engajamento, criando um ambiente de trabalho que promove inovação, colaboração e resiliência.

O que é liderança emocionalmente inteligente?

Liderança emocionalmente inteligente é a habilidade de um líder de aplicar os princípios da Inteligência Emocional na gestão de pessoas e processos dentro da organização. Esses líderes demonstram uma profunda autoconsciência, autocontrole, empatia, habilidades sociais e motivação interna, que juntos formam a base de uma liderança eficaz.

- **Autoconsciência**: líderes emocionalmente inteligentes têm um conhecimento claro de suas próprias emoções e como essas afetam seu pensamento e comportamento. Eles estão cientes de seus pontos fortes e fracos, o que lhes permite tomar decisões estratégicas mais informadas e equilibradas.

- **Autocontrole:** a capacidade de gerenciar suas próprias emoções, especialmente em situações de pressão, permite que esses líderes mantenham a calma e o foco, inspirando confiança em suas equipes e criando um ambiente de estabilidade.
- **Empatia:** líderes com alta Inteligência Emocional entendem e se conectam emocionalmente com os membros de sua equipe, o que é essencial para construir relacionamentos fortes e assegurar que as necessidades e preocupações dos colaboradores sejam consideradas no processo estratégico.
- **Habilidades sociais:** a competência social é vital para a construção de redes de comunicação eficazes dentro da organização. Líderes emocionalmente inteligentes são hábeis em influenciar, liderar mudanças e resolver conflitos, garantindo que a estratégia seja bem compreendida e apoiada por todos.
- **Motivação interna:** esses líderes são impulsionados por um desejo genuíno de alcançar objetivos pessoais e organizacionais, indo além de recompensas externas. Essa motivação se reflete em seu comprometimento com a excelência e na capacidade de inspirar suas equipes a perseguirem a mesma visão.

O impacto na formulação de estratégias

Líderes emocionalmente inteligentes desempenham um papel crucial na formulação de estratégias, influenciando o conteúdo da estratégia e o processo pelo qual ela é desenvolvida.

Inclusão de perspectivas diversas

- **Valorização da diversidade de pensamentos:** ao compreender as emoções e percepções dos outros, esses líderes são mais propensos a incluir uma diversidade de opiniões no processo de formulação da estratégia. Eles encorajam a expressão de diferentes pontos de vista, o que enriquece a estratégia e a torna mais robusta e adaptável.
- **Tomada de decisões informadas:** a autoconsciência permite que líderes emocionalmente inteligentes reconheçam seus próprios vieses e trabalhem para mitigá-los. Isso resulta em decisões mais equilibradas e estratégias que consideram as necessidades e expectativas de todos os *stakeholders*.

Foco no engajamento e na motivação

- **Construção de relacionamentos fortes:** ao utilizar empatia e habilidades sociais, esses líderes constroem relacionamentos sólidos com suas equipes e *stakeholders*, garantindo que todos estejam engajados e comprometidos com a estratégia.
- **Inspiração e direção:** por meio da comunicação clara e motivadora, líderes emocionalmente inteligentes inspiram suas equipes, garantindo que a visão estratégica seja compreendida e abraçada por todos os níveis da organização.

O impacto na implementação de estratégias

A liderança emocionalmente inteligente é igualmente crítica na fase de implementação da estratégia. A maneira como as estratégias são comunicadas, aplicadas e ajustadas durante a execução depende fortemente das competências emocionais dos líderes.

Comunicação eficaz

- **Clareza e transparência:** líderes emocionalmente inteligentes comunicam a estratégia de maneira clara, garantindo que todos os colaboradores compreendam seu papel na implementação. Eles também promovem um ambiente de transparência, onde a comunicação aberta é incentivada.
- **Escuta ativa e *feedback*:** esses líderes praticam a escuta ativa, o que lhes permite receber e atuar sobre *feedback* de forma eficaz. Isso melhora a execução da estratégia, além de reforçar a confiança e o respeito mútuo dentro da organização.

Gestão de mudanças e resiliência

- **Apoio durante a mudança:** a implementação de estratégias frequentemente envolve mudanças significativas, que podem causar incerteza e resistência. Líderes emocionalmente inteligentes são hábeis em gerenciar essas transições, oferecendo apoio emocional e orientação, o que minimiza a resistência e facilita a adaptação.

- **Promoção da resiliência:** em tempos de desafios, esses líderes mantêm a moral elevada e motivam suas equipes a perseverarem. Sua capacidade de gerenciar o estresse e permanecer focado nos objetivos estratégicos é fundamental para superar obstáculos e alcançar o sucesso.

Alinhamento cultural e estratégico

- **Integração da cultura organizacional:** líderes com alta Inteligência Emocional entendem a importância de alinhar a estratégia à cultura organizacional. Eles trabalham para garantir que a cultura apoie e reforce os objetivos estratégicos, facilitando uma implementação mais fluida e eficaz.
- **Adaptação flexível:** durante a execução da estratégia, líderes emocionalmente inteligentes são capazes de adaptar-se rapidamente a mudanças inesperadas. Sua flexibilidade emocional permite ajustar a estratégia conforme necessário, mantendo o foco nos resultados desejados, sem perder o engajamento da equipe.

Benefícios de uma liderança emocionalmente inteligente

Líderes que praticam a Inteligência Emocional promovem uma série de benefícios que vão além da execução estratégica, impactando a cultura organizacional e o sucesso a longo prazo da empresa.

- **Aumento do engajamento e produtividade:** colaboradores que se sentem valorizados e compreendidos por seus líderes são mais engajados, o que se traduz em maior produtividade e melhor desempenho na implementação da estratégia.
- **Melhoria da retenção de talentos:** um ambiente de trabalho onde a Inteligência Emocional é valorizada é mais atraente para talentos de alto nível, resultando em menor turnover e maior retenção de colaboradores-chave.
- **Reputação e resiliência organizacional:** organizações lideradas por líderes emocionalmente inteligentes são vistas como mais humanas, éticas e resilientes, o que melhora sua reputação e sua capacidade de atrair e reter clientes, parceiros e investidores.

Conclusão

A liderança emocionalmente inteligente é essencial para a formulação e implementação eficazes de estratégias no ambiente corporativo. Esses líderes têm a capacidade única de entender e gerenciar as emoções, tanto as próprias quanto as de sua equipe, o que lhes permite navegar com sucesso pelos desafios e complexidades do Planejamento Estratégico. Ao integrar a Inteligência Emocional em sua abordagem de liderança, garantindo que a estratégia seja bem-sucedida e criando um ambiente organizacional mais engajado, produtivo e resiliente. Em última análise, a liderança emocionalmente inteligente é um diferencial competitivo que pode transformar a maneira como as organizações alcançam e mantêm o sucesso.

Capítulo 4

MOTIVAÇÃO E ENGAJAMENTO

Embora todos estejam empreendendo a viagem da vida, nem todo mundo está disposto a ver o mapa e escolher o melhor caminho
(Flip Flippen)

APLICAÇÃO DAS PRINCIPAIS TEORIAS DA MOTIVAÇÃO NA CONSTRUÇÃO DE UM PLANO ESTRATÉGICO QUE MOBILIZE A EQUIPE

A motivação é um dos pilares fundamentais para o sucesso de qualquer organização. Quando os colaboradores estão motivados e engajados, eles não apenas realizam suas tarefas de maneira mais eficiente, como se tornam agentes ativos na implementação e execução das estratégias da empresa. Integrar as principais teorias da motivação na construção de um Plano Estratégico é, portanto, essencial para mobilizar a equipe e garantir que todos estejam alinhados aos objetivos organizacionais.

O que é motivação?

Motivação é o processo interno que impulsiona os indivíduos a agir de determinada maneira para alcançar um objetivo específico. No ambiente corporativo, a motivação está diretamente ligada ao comportamento dos colaboradores e à maneira como eles se engajam em suas tarefas diárias. É o combustível que move as pessoas a superar desafios, buscar melhoria contínua e contribuir para o sucesso da organização.

Existem várias teorias da motivação que fornecem uma compreensão profunda dos fatores que impulsionam o comportamento humano. Essas teorias podem ser aplicadas de maneira prática para criar um Plano Estratégico que inspire e motive a equipe a alcançar os objetivos da organização.

Teorias da motivação e sua aplicação no planejamento estratégico

Teoria da Hierarquia das Necessidades, de Maslow

- A teoria de Maslow é uma das mais conhecidas e amplamente aplicadas no campo da motivação. Ela propõe que os indivíduos têm cinco níveis de necessidades, organizados em uma hierarquia: necessidades fisiológicas, segurança, sociais, estima e autorrealização.

Aplicação no planejamento estratégico:

- **Atendimento às necessidades básicas**: garantir que as necessidades básicas dos colaboradores, como um ambiente de trabalho seguro e remuneração justa, sejam atendidas é o primeiro passo para motivar a equipe. Um Plano Estratégico eficaz deve considerar esses aspectos, criando um ambiente onde os colaboradores se sintam valorizados e seguros.

- **Promoção do crescimento pessoal e profissional**: estruturar oportunidades de desenvolvimento de carreira, formação e crescimento pessoal dentro do Plano Estratégico pode satisfazer as necessidades de estima e autorrealização dos colaboradores, aumentando o engajamento e a lealdade à empresa.

Teoria dos Dois Fatores, de Herzberg

Herzberg propôs que existem dois tipos de fatores que influenciam a motivação no trabalho: fatores de higiene e fatores motivacionais. Fatores de higiene, como salário e condições de trabalho, não motivam por si só, mas sua ausência pode causar insatisfação. Fatores motivacionais, como reconhecimento e oportunidades de crescimento, são os que realmente incentivam os colaboradores a se esforçarem mais.

Aplicação no planejamento estratégico:

- **Eliminação de insatisfações**: um Plano Estratégico deve identificar e eliminar os fatores de higiene que podem estar causando insatisfação, como políticas organizacionais ineficazes ou falta de segurança no trabalho.

- **Incorporação de fatores motivacionais**: estratégias que incentivem a autonomia, ofereçam reconhecimento regular e criem oportunidades de crescimento devem ser centrais no Plano Estratégico para aumentar a motivação e o desempenho.

Teoria da Expectativa, de Vroom

A teoria da expectativa de Vroom sugere que a motivação dos colaboradores é influenciada por três fatores: **expectativa** (a crença de que o esforço levará a um bom desempenho), **instrumentalidade** (a crença de que o desempenho será recompensado) e **valência** (o valor que o indivíduo atribui à recompensa).

Aplicação no planejamento estratégico:

- **Clareza nas expectativas**: o Plano Estratégico deve comunicar claramente quais são as expectativas de desempenho e como os colaboradores podem atingi-las, aumentando a confiança de que seus esforços serão recompensados.
- **Alinhamento de recompensas e valores**: as recompensas oferecidas, seja em termos de bônus, promoções ou reconhecimento, devem ser percebidas como valiosas pelos colaboradores. Além disso, essas recompensas devem estar alinhadas aos valores e objetivos pessoais dos colaboradores para maximizar sua eficácia

Teoria da Autodeterminação, de Deci e Ryan

A teoria da autodeterminação foca na importância da autodeterminação e da motivação intrínseca. Ela propõe que as pessoas são mais motivadas quando suas necessidades de autonomia, competência e relacionamento são satisfeitas.

Aplicação no planejamento estratégico:

- **Promoção da autonomia**: um Plano Estratégico eficaz deve oferecer aos colaboradores a liberdade de tomar decisões e assumir a responsabilidade por suas ações. Isso não só aumenta a motivação, mas também promove a inovação e a criatividade.
- **Desenvolvimento de competências**: criar oportunidades para que os colaboradores desenvolvam e demonstrem suas habilidades fortalece o sentimento de competência, incentivando um maior envolvimento no processo estratégico.

- **Fortalecimento das relações:** estratégias que promovem um ambiente de trabalho colaborativo e positivo, onde os colaboradores se sentem conectados uns com os outros, aumentam o engajamento e a motivação.

Integração das teorias no Plano Estratégico

Para construir um Plano Estratégico que mobilize a equipe, é essencial integrar essas teorias da motivação de maneira holística. Aqui, estão algumas práticas recomendadas para alcançar isso:

Alinhamento de objetivos organizacionais e pessoais

- **Definição de metas compartilhadas:** o Plano Estratégico deve incluir metas que estejam alinhadas tanto aos objetivos organizacionais quanto às aspirações pessoais dos colaboradores. Isso cria um senso de propósito e conexão entre o trabalho diário e o sucesso a longo prazo.

Comunicação eficaz

- **Transparência e clareza:** a comunicação aberta e transparente sobre os objetivos estratégicos, expectativas e recompensas ajuda a construir confiança e engajamento entre os colaboradores.
- *Feedback* **contínuo:** oferecer *feedback* regular e construtivo permite que os colaboradores vejam o progresso e ajustem suas abordagens conforme necessário, mantendo a motivação alta.

Reconhecimento e recompensas

- **Programas de reconhecimento:** estabelecer programas de reconhecimento que celebrem o esforço e o sucesso dos colaboradores, reforçando o comportamento positivo e motivando-os a continuar a contribuir para o sucesso da organização.
- **Recompensas personalizadas:** oferecer recompensas que sejam percebidas como valiosas pelos colaboradores, personalizando-as de acordo com as preferências e necessidades individuais.

Benefícios de um Plano Estratégico motivador

Um Plano Estratégico que incorpora as principais teorias da motivação oferece vários benefícios à organização:

- **Maior engajamento**: colaboradores motivados estão mais engajados e dispostos a ir além para alcançar os objetivos estratégicos.
- **Melhor desempenho**: a motivação elevada leva a um desempenho superior, o que, por sua vez, melhora os resultados da organização.
- **Redução de Turnover**: um ambiente de trabalho motivador retém talentos, reduzindo o turnover e garantindo a continuidade na execução da estratégia.
- **Inovação e criatividade**: colaboradores motivados são mais propensos a contribuir com ideias inovadoras, que podem dar à organização uma vantagem competitiva.

Conclusão

Integrar as principais teorias da motivação na construção de um Plano Estratégico é fundamental para mobilizar e engajar a equipe. Ao aplicar conceitos de Maslow, Herzberg, Vroom, Deci e Ryan, os líderes podem criar um ambiente de trabalho que não apenas motiva os colaboradores, mas se tornam participantes ativos na implementação da estratégia. Isso resulta em uma organização mais forte, resiliente e bem-sucedida, na qual os colaboradores estão alinhados aos objetivos estratégicos e comprometidos com o sucesso a longo prazo,

ESTRATÉGIAS PARA AUMENTAR O ENVOLVIMENTO EMOCIONAL E COMPROMETIMENTO COM A ESTRATÉGIA

O engajamento dos colaboradores é um elemento crítico para o sucesso de qualquer organização. Quando os membros da equipe estão emocionalmente envolvidos e comprometidos com a estratégia da empresa, eles não apenas desempenham suas funções com maior dedicação, mas acabam se tornando defensores da visão e missão organizacional. Esse nível de engajamento resulta em maior produtividade, inovação e uma cultura organizacional mais forte. No entanto, alcançar esse engajamento exige estratégias deliberadas e bem planejadas.

O que é engajamento dos colaboradores?

Engajamento dos colaboradores refere-se ao nível de entusiasmo e conexão emocional que os funcionários têm com seu trabalho, suas equipes e a organização como um todo. Colaboradores engajados são aqueles que estão emocionalmente comprometidos com a organização, dispostos a investir esforço extra em suas tarefas e a contribuir ativamente para o sucesso da empresa.

Diferentemente da simples satisfação no trabalho, o engajamento envolve um vínculo profundo que leva os colaboradores a se sentirem parte integral da organização e a compartilhar um senso de PROPÓSITO com ela. Esse envolvimento emocional é o que transforma o trabalho em uma missão pessoal, alinhando as aspirações individuais aos objetivos estratégicos da empresa.

Estratégias para aumentar o envolvimento emocional e comprometimento

Para aumentar o engajamento dos colaboradores, é essencial adotar uma abordagem multifacetada que aborde tanto as necessidades emocionais quanto as profissionais dos funcionários. A seguir, exploramos algumas das estratégias mais eficazes para fomentar esse engajamento.

Comunicação clara e transparente

- **Alinhamento de expectativas**: manter uma comunicação clara sobre os objetivos estratégicos da organização e o papel de cada colaborador na realização desses objetivos é fundamental. Quando os colaboradores entendem como seu trabalho contribui diretamente para o sucesso da empresa, eles se sentem mais conectados e motivados a dar o melhor de si.
- **Cultura de transparência**: promover uma cultura de transparência, na qual as decisões estratégicas são compartilhadas e discutidas abertamente, aumenta o senso de pertencimento e confiança. Isso permite que os colaboradores se sintam parte do processo decisório e valorizados por suas contribuições.

Reconhecimento e recompensas

- **Reconhecimento regular**: estabelecer um sistema de reconhecimento regular que celebre as conquistas dos colaboradores, tanto grandes quanto pequenas, é uma poderosa ferramenta de engajamento. Isso pode ser feito por meio de elogios públicos, prêmios ou simplesmente um *feedback* positivo e específico que reforce comportamentos desejados.

- **Recompensas alinhadas as valores**: oferecer recompensas que estejam alinhadas aos valores e interesses dos colaboradores aumenta a motivação. Isso pode incluir programas de desenvolvimento pessoal, oportunidades de carreira ou benefícios que realmente importam para a equipe.

Desenvolvimento pessoal e profissional

- **Oportunidades de crescimento**: investir no desenvolvimento contínuo dos colaboradores, oferecendo treinamentos, *workshops* e oportunidades de avanço na carreira, mostra que a empresa valoriza e apoia o crescimento pessoal e profissional. Isso melhora as habilidades dos colaboradores e aumenta seu compromisso com a organização.
- **Planos de carreira personalizados**: desenvolver planos de carreira personalizados que estejam alinhados aos objetivos pessoais dos colaboradores e às necessidades estratégicas da organização reforça o engajamento e o senso de propósito.

Autonomia e confiança

- **Empoderamento dos colaboradores**: dar aos colaboradores a autonomia para tomar decisões e a responsabilidade por seus projetos não só aumenta a motivação, mas também cria um ambiente de confiança mútua. Quando os colaboradores se sentem confiantes em sua capacidade de influenciar o sucesso da organização, eles se tornam mais proativos e engajados.
- **Ambiente de inovação**: promover uma cultura na qual as ideias dos colaboradores são ouvidas e valorizadas incentiva a inovação e o engajamento. Isso pode ser feito por meio de fóruns de ideias, grupos de trabalho colaborativos e incentivos à experimentação e ao pensamento criativo.

Cultura organizacional positiva

- **Promoção de um ambiente de trabalho saudável:** um ambiente de trabalho positivo e inclusivo, no qual os colaboradores se sentem respeitados e valorizados, é essencial para o engajamento. Isso inclui políticas de equilíbrio entre vida profissional e pessoal, apoio à saúde mental e física e iniciativas que promovam o bem-estar geral dos colaboradores.

- **Valores compartilhados:** fomentar uma cultura organizacional baseada em valores compartilhados, na qual a missão e a visão da empresa são vividas no dia a dia, cria um senso de propósito e pertencimento. Quando os colaboradores se identificam com os valores da empresa, eles se sentem mais conectados e comprometidos.

Benefícios do engajamento dos colaboradores

Implementar estratégias para aumentar o engajamento dos colaboradores traz uma série de benefícios tangíveis e intangíveis para a organização:

- **Maior produtividade:** colaboradores engajados tendem a ser mais produtivos, pois estão dispostos a investir esforço extra para atingir os objetivos organizacionais.

- **Redução de Turnover:** um ambiente de trabalho onde os colaboradores se sentem valorizados e engajados leva a menores taxas de turnover, economizando custos com recrutamento e treinamento.

- **Melhor cultura organizacional:** o engajamento promove uma cultura organizacional positiva, na qual a colaboração, a inovação e o apoio mútuo são a norma, resultando em um ambiente de trabalho mais satisfatório para todos.

- **Aumento da satisfação do cliente:** colaboradores engajados tendem a oferecer um melhor atendimento ao cliente, pois se sentem parte do sucesso da empresa e estão motivados a representar a organização de maneira positiva.

- **Resiliência organizacional**: em tempos de crise ou mudança, colaboradores engajados são mais resilientes e dispostos a se adaptar, ajudando a organização a superar desafios com maior eficácia.

Conclusão

O engajamento dos colaboradores é um componente vital para o sucesso de qualquer estratégia organizacional. Ao adotar estratégias que aumentem o envolvimento emocional e o comprometimento dos colaboradores, as empresas podem criar um ambiente de trabalho onde todos se sentem valorizados, motivados e alinhados aos objetivos estratégicos. O resultado é uma organização mais produtiva, inovadora e capaz de alcançar e sustentar o sucesso a longo prazo. Investir no engajamento dos colaboradores não é apenas uma boa prática de gestão, pois cria um diferencial competitivo que pode transformar a dinâmica organizacional e os resultados empresariais.

Capítulo 5

TOMADA DE DECISÃO E FATORES COMPORTAMENTAIS

A intuição forneceu o indício; esse indício deu ao especialista acesso à informação armazenada. Em sua memória e a informação obtém-se a resposta. A intuição é nada mais, nada menos que reconhecimento.
(Herbert Simon)

TOMADA DE DECISÃO INTUITIVA *VERSUS* RACIONAL: QUANDO CONFIAR NA INTUIÇÃO

No mundo corporativo, a tomada de decisão é um processo crítico que pode determinar o sucesso ou o fracasso de uma organização. Tradicionalmente, decisões estratégicas são associadas à análise racional, na qual dados, fatos e lógica são os pilares do processo decisório. No entanto, há situações em que a intuição, aquela sensação visceral ou pressentimento, desempenha um papel decisivo. A questão que surge, então, é: **quando é apropriado confiar na intuição em vez de se basear puramente na razão?**

O que é tomada de decisão intuitiva?

A tomada de decisão intuitiva é baseada na percepção imediata e instintiva, sem o uso consciente de análise lógica ou dados. É o resultado de um processamento inconsciente de experiências anteriores, conhecimentos implícitos e padrões reconhecidos ao longo do tempo. Embora a intuição seja frequentemente vista como algo nebuloso ou irracional, ela é, na verdade, um produto da mente inconsciente que processa informações de forma rápida e eficiente.

Intuição, portanto, não é mera adivinhação. Ela se baseia em uma vasta gama de experiências armazenadas no subconsciente, que são ativadas em momentos de necessidade, oferecendo uma solução rápida quando o tempo é escasso ou os dados são insuficientes.

A tomada de decisão racional: o poder da análise lógica

Por outro lado, a tomada de decisão racional é um processo mais deliberado, no qual as decisões são baseadas em dados concretos, análises detalhadas e uma avaliação lógica das opções disponíveis. Esse método é frequentemente mais lento, pois requer a coleta e a interpretação de informações, além de uma consideração cuidadosa dos prós e contras de cada alternativa.

A racionalidade permite minimizar o risco de erro, pois é fundamentada em evidências verificáveis. Contudo, em situações em que os dados são ambíguos ou incompletos, ou onde o tempo é um fator crítico, a dependência exclusiva do raciocínio lógico pode ser uma limitação.

Quando confiar na intuição?

- Decidir quando confiar na intuição ou na razão depende de vários fatores, incluindo a natureza do problema, o contexto da decisão e a experiência do tomador de decisão. A seguir, exploramos cenários onde a intuição pode ser uma escolha válida e eficaz.

Situações de alta complexidade e ambiguidade

- **Ambientes de incerteza:** em situações em que os dados são escassos ou ambíguos e a incerteza é alta, a intuição pode oferecer uma orientação valiosa. Isso ocorre porque a mente subconsciente pode processar informações de maneiras que a análise consciente não consegue.
- **Decisões emergenciais:** em momentos de crise ou emergência, onde o tempo para análise é limitado, a intuição pode fornecer uma resposta rápida e, muitas vezes, acertada, baseada em experiências passadas.

Experiência e conhecimento profundo

- **Expertise em ação:** profissionais com vasta experiência em um campo específico frequentemente desenvolvem uma intuição aguçada que lhes permite tomar decisões acertadas sem a necessidade de uma análise detalhada. Esse tipo de intuição é especialmente valioso em setores como medicina, aviação ou investimentos, onde o tempo é crítico e as decisões precisam ser rápidas.

- **Reconhecimento de padrões**: líderes que passaram por diversas situações semelhantes são capazes de reconhecer padrões e prever desdobramentos, utilizando a intuição para antecipar problemas ou oportunidades.

Decisões criativas e inovadoras

- **Necessidade de inovação**: quando a solução de um problema exige criatividade ou uma abordagem inovadora, a intuição pode ser mais eficaz do que a análise lógica. Isso se deve ao fato de que a intuição é menos restritiva e permite pensar fora da caixa, enquanto a racionalidade tende a seguir caminhos previsíveis.
- **Decisões estratégicas de longo prazo**: para decisões que envolvem visão e estratégia a longo prazo, onde os benefícios não são imediatamente mensuráveis, a intuição pode ser um guia poderoso, permitindo que líderes façam apostas ousadas que, embora arriscadas, podem levar a grandes recompensas.

Quando confiar na razão?

Embora a intuição tenha seu lugar, a tomada de decisão racional continua sendo fundamental em várias situações. A seguir, destacamos quando é preferível confiar na razão.

Decisões de alto impacto e risco

- **Investimentos significativos**: quando as decisões envolvem grandes somas de dinheiro ou recursos críticos, a análise lógica e a avaliação de riscos são indispensáveis para minimizar a possibilidade de erro.
- **Regulamentações e *compliance***: em setores altamente regulamentados, a tomada de decisões deve seguir normas estritas e procedimentos legais, onde a análise racional é necessária para garantir conformidade e evitar penalidades.

Decisões baseadas em dados

- **Disponibilidade de informações:** quando há uma abundância de dados confiáveis, é sensato utilizar uma abordagem racional para analisar as opções. Isso é comum em setores como finanças, onde as decisões podem ser apoiadas por modelos quantitativos e evidências históricas.
- **Objetividade e impessoalidade:** em situações em que é necessário manter a imparcialidade e evitar influências pessoais ou emocionais, a razão fornece uma base sólida para decisões equilibradas e justas.

Integrando intuição e razão: o equilíbrio ideal

- No cenário ideal, a tomada de decisão eficaz combina tanto a intuição quanto a razão. Essa abordagem integrada permite que os líderes usem a intuição como um ponto de partida ou como uma ferramenta para explorar novas possibilidades e, em seguida, utilizem a razão para validar e refinar essas ideias. Esse equilíbrio permite tomar decisões rápidas e inovadoras, ao mesmo tempo em que minimiza o risco de erros graves.

Conclusão

A escolha entre confiar na intuição ou na razão depende do contexto, da natureza da decisão e da experiência do tomador de decisão. Enquanto a intuição pode ser uma aliada poderosa em situações de alta incerteza, complexidade ou necessidade de inovação, a razão fornece a base sólida e objetiva necessária para decisões de alto impacto e risco. No final, o equilíbrio entre os dois métodos é o que leva à tomada de decisões mais eficazes e estratégicas, permitindo que as organizações naveguem com sucesso em um ambiente cada vez mais complexo e dinâmico.

TOMADA DE DECISÃO EM SITUAÇÕES DE CRISE: GERENCIAMENTO DE ESTRESSE E RESILIÊNCIA EMOCIONAL

Em tempos de crise, a tomada de decisão se torna um desafio ainda maior. A pressão por respostas rápidas, a incerteza e as possíveis consequências de cada escolha colocam os líderes sob um estresse significativo. Nesse cenário, o gerenciamento eficaz do estresse e a resiliência emocional emergem como habilidades cruciais para garantir que as decisões sejam tomadas de maneira clara e estratégica, mesmo nas circunstâncias mais adversas.

O contexto das decisões em crise

Crises, por definição, são eventos inesperados que colocam a organização em risco, exigindo uma resposta rápida e eficaz. Seja uma crise financeira, uma emergência de saúde pública, um desastre natural ou um incidente reputacional, a natureza urgente dessas situações pode paralisar a capacidade de pensar com clareza. Nesse momento, a capacidade de um líder de gerenciar suas emoções e manter a calma é essencial para a sobrevivência e a continuidade dos negócios.

Stress e tomada de decisão: o efeito no julgamento

O estresse intenso pode distorcer o julgamento e levar a decisões impulsivas ou mal pensadas. Durante uma crise, o corpo entra em modo de "luta ou fuga", liberando hormônios como adrenalina e cortisol, que preparam o corpo para uma resposta imediata, e podem prejudicar a capacidade de pensar com clareza. O cérebro, sob estresse, tende a priorizar decisões rápidas em detrimento de análises detalhadas, o que pode resultar em erros.

Decisões tomadas sob pressão extrema podem ser reativas e focadas no curto prazo, ignorando as implicações a longo prazo. Além disso, o estresse pode amplificar vieses cognitivos, como o viés de confirmação, onde o líder pode buscar apenas informações que sustentem suas suposições iniciais, ignorando dados contraditórios que poderiam levar a uma decisão mais informada.

Resiliência emocional: a chave para decisões eficazes

A resiliência emocional refere-se à capacidade de uma pessoa de se adaptar e recuperar-se rapidamente diante da adversidade. Em situações de crise, líderes resilientes são capazes de manter a compostura, gerenciar seu estresse e tomar decisões com clareza, mesmo sob intensa pressão. Essa resiliência não é apenas uma característica inata, mas pode ser desenvolvida por meio de práticas de autogestão emocional e mentalidade positiva.

Manter a calma e a clareza mental

Líderes resilientes conseguem separar as emoções negativas do processo decisório. Eles reconhecem os sentimentos de medo, ansiedade e estresse, mas não permitem que essas emoções ditem suas ações. Técnicas de *mindfulness* e meditação, por exemplo, podem ajudar a acalmar a mente e manter o foco no que é mais importante.

Flexibilidade e adaptabilidade

A resiliência também envolve a capacidade de ser flexível e adaptável. Crises podem exigir mudanças rápidas de estratégia e a capacidade de ajustar planos, à medida que a situação evolui. Líderes resilientes não se apegam rigidamente a um plano quando a realidade exige uma abordagem diferente; em vez disso, eles estão dispostos a mudar de rumo para alcançar o melhor resultado possível.

Manter a motivação e a moral da equipe

Durante uma crise, a liderança não se trata apenas de tomar decisões estratégicas, trata de inspirar e manter a moral da equipe. Líderes emocionalmente resilientes comunicam de maneira clara e empática, garantindo que suas equipes permaneçam unidas e focadas, mesmo em tempos de incerteza. Eles criam um ambiente de apoio, onde os membros da equipe se sentem valorizados e motivados a contribuir para a superação da crise.

Estruturando a tomada de decisão sob pressão

Para tomar decisões eficazes em situações de crise, é essencial que os líderes sigam uma estrutura que permita clareza de pensamento, mesmo sob estresse.

- **Avaliação rápida, e completa, da situação** – o primeiro passo é uma avaliação rápida, mas abrangente, da situação. Isso envolve coletar informações relevantes, identificar as principais ameaças e oportunidades e considerar o impacto potencial de diferentes ações. Embora o tempo seja curto, é crucial evitar saltar para conclusões sem uma compreensão clara do cenário completo.
- **Priorização e planejamento** – com a avaliação feita, o próximo passo é priorizar as ações. Quais problemas exigem atenção imediata? Quais decisões podem esperar? A priorização ajuda a

concentrar recursos e energia nas questões mais críticas, evitando a dispersão de esforços.

- **Comunicação clara e decisiva** – em uma crise, a comunicação clara é fundamental. Líderes devem ser capazes de transmitir suas decisões de maneira assertiva, garantindo que todos entendam as prioridades e os próximos passos. Uma comunicação eficaz minimiza mal-entendidos e ajuda a alinhar a equipe em torno de objetivos comuns.

Conclusão

A verdadeira medida de um líder é como ele ou ela responde em momentos de crise. Aqueles que conseguem gerenciar seu estresse, manter a resiliência emocional e tomar decisões claras e estratégicas têm maior probabilidade de conduzir suas organizações com sucesso através das tempestades. Preparar-se para crises inevitáveis envolve não apenas a criação de planos de contingência, considera também o desenvolvimento das habilidades emocionais e psicológicas necessárias para liderar com eficácia sob pressão.

A prática constante de autogestão emocional, aliada a uma abordagem estruturada de tomada de decisão, garante que os líderes possam responder de maneira equilibrada, mesmo quando confrontados com as situações mais desafiadoras. Assim, a organização não apenas sobrevive à crise, mas emerge mais forte e preparada para futuras adversidades.

TOMADA DE DECISÃO COLABORATIVA: ENGAJANDO A EQUIPE NA FORMULAÇÃO DE ESTRATÉGIAS

No ambiente corporativo atual, a tomada de decisão colaborativa emerge como uma abordagem eficaz para enfrentar os desafios crescentes de um mercado cada vez mais complexo e dinâmico. Diferente do modelo tradicional, no qual as decisões são centralizadas em poucos líderes, a decisão colaborativa envolve a participação ativa de diversas partes interessadas, desde executivos até colaboradores de diferentes níveis da organização. Esse modelo não só democratiza o processo decisório, mas também alavanca o conhecimento coletivo para criar estratégias mais robustas e inovadoras.

O valor da colaboração na tomada de decisão

A tomada de decisão colaborativa é baseada na premissa de que múltiplas perspectivas geram melhores resultados. Quando uma equipe é engajada na formulação de estratégias, a diversidade de pensamentos, experiências e habilidades enriquece o processo, levando a decisões mais bem-informadas e criativas. Além disso, envolver a equipe desde o início cria um senso de propriedade e responsabilidade, o que aumenta o comprometimento e a motivação para implementar as decisões tomadas.

Os benefícios da tomada de decisão colaborativa

- **Inovação por meio da diversidade de perspectivas** – quando indivíduos de diferentes áreas da organização são incluídos no processo decisório, eles trazem *insights* únicos que podem não ser evidentes para uma equipe centralizada. Essa diversidade de perspectivas é especialmente valiosa em momentos de mudança ou quando a organização enfrenta desafios inéditos. A colaboração permite explorar múltiplas soluções e escolher aquela que oferece o maior potencial de sucesso.

- **Melhoria na qualidade das decisões** – o processo colaborativo, ao incorporar diferentes pontos de vista, minimiza o risco de erros comuns como os vieses cognitivos. Decisões feitas em grupo são mais equilibradas, pois são discutidas, questionadas e refinadas por várias mentes, garantindo que todas as implicações sejam cuidadosamente consideradas antes de uma conclusão final.

- **Fortalecimento do engajamento e da moral da equipe** – quando os colaboradores são envolvidos na formulação de estratégias, eles se sentem mais valorizados e reconhecidos. Esse sentimento de inclusão fortalece o engajamento e a moral, criando um ambiente de trabalho onde todos estão alinhados aos objetivos da organização. Além disso, quando as decisões são colaborativas, a implementação tende a ser mais eficaz, pois os colaboradores estão mais propensos a apoiar e executar as estratégias que ajudaram a desenvolver.

Desafios da tomada de decisão colaborativa

Apesar dos muitos benefícios, a tomada de decisão colaborativa não está isenta de desafios. O processo pode ser mais demorado, requerendo coordenação e comunicação eficazes para evitar mal-entendidos e garantir que todos os pontos de vista sejam considerados. Além disso, a diversidade de opiniões pode levar a conflitos, que precisam ser gerenciados de maneira construtiva para evitar a paralisia decisória.

- **Gerenciamento de conflitos** – em um ambiente colaborativo, é inevitável que surjam conflitos de opiniões. Esses conflitos, se não forem bem geridos, podem atrasar a tomada de decisão e criar tensões dentro da equipe. No entanto, quando geridos de forma eficaz, os conflitos podem ser uma fonte de inovação, pois desafiam as suposições existentes e incentivam a exploração de novas ideias.

- **Tempo e eficiência** – a tomada de decisão colaborativa tende a ser mais demorada do que o processo centralizado. As reuniões e discussões necessárias para alinhar todos os participantes podem consumir tempo valioso, especialmente em situações em que uma resposta rápida é necessária. Para mitigar esse desafio, é importante estabelecer uma estrutura clara e prazos específicos para o processo decisório.

Estratégias para uma tomada de decisão colaborativa eficaz

Para garantir que a tomada de decisão colaborativa seja eficaz e produtiva, as organizações devem adotar certas práticas e estruturas que facilitem o processo.

- **Definição clara de papéis e responsabilidades** – embora todos os participantes devam ter a oportunidade de contribuir, é essencial definir claramente os papéis e responsabilidades dentro do grupo. Isso inclui identificar quem tem autoridade final sobre a decisão, bem como quem é responsável pela implementação das ações decididas. Uma hierarquia clara evita confusão e garante que o processo seja eficiente.

- **Criação de um ambiente seguro para a expressão de ideias** – para que a colaboração seja bem-sucedida, os colaboradores precisam sentir que suas opiniões são valorizadas e respeitadas. Isso requer a criação de um ambiente seguro e inclusivo, onde todos se sintam à vontade para compartilhar suas ideias sem medo de julgamento ou retaliação. A promoção de uma cultura de respeito e empatia é fundamental para garantir uma troca aberta e construtiva de ideias.

- **Utilização de ferramentas colaborativas** – a tecnologia pode ser uma grande aliada na tomada de decisão colaborativa. Ferramentas como plataformas de comunicação, softwares de gerenciamento de projetos e sistemas de votação online podem facilitar a colaboração e tornar o processo mais eficiente. Essas ferramentas ajudam a organizar as contribuições, manter todos informados e permitir que as decisões sejam tomadas de maneira mais ágil.

Conclusão

A tomada de decisão colaborativa como vantagem estratégica

A tomada de decisão colaborativa representa uma evolução no estilo de liderança e gestão das organizações modernas. Ao engajar a equipe na formulação de estratégias, as empresas melhoram a qualidade das decisões, além de promoverem um ambiente de trabalho mais coeso, inovador e motivado. Embora o processo colaborativo exija tempo e esforço, os benefícios em termos de inovação, engajamento e sucesso na implementação fazem dele uma poderosa ferramenta estratégica.

Para líderes que buscam alavancar todo o potencial de suas equipes, a tomada de decisão colaborativa não é apenas uma opção, mas uma necessidade em um mundo onde a complexidade e a rapidez das mudanças exigem abordagens cada vez mais dinâmicas e inclusivas. Ao adotar essa prática, as organizações se posicionam para responder de forma mais eficaz aos desafios e oportunidades que surgem, garantindo a sobrevivência e o crescimento sustentável a longo prazo.

DECISÃO SOB INCERTEZA: FATORES COMPORTAMENTAIS EM AMBIENTES DE ALTA COMPLEXIDADE

Em um mundo corporativo caracterizado por rápidas mudanças, volatilidade e ambiguidade, tomar decisões sob incerteza tornou-se uma habilidade essencial para líderes e gestores. Diferente de ambientes onde as condições são previsíveis e as informações são completas, em ambientes de alta complexidade, as decisões muitas vezes precisam ser tomadas com base em dados incompletos, em cenários onde o futuro é incerto e as consequências são difíceis de prever. Nesses contextos, os fatores comportamentais desempenham um papel crucial, influenciando diretamente o processo decisório e, consequentemente, o sucesso ou fracasso da organização.

A natureza da incerteza em ambientes complexos

Ambientes de alta complexidade são caracterizados por múltiplas interações entre diversos elementos, onde pequenas mudanças podem ter grandes impactos e onde as relações de causa e efeito nem sempre são evidentes. Em tais cenários, a incerteza não é, além de uma falta de informação, uma realidade intrínseca, exigindo dos líderes a capacidade de navegar por terrenos desconhecidos e imprevisíveis.

Fatores comportamentais que influenciam decisões em ambientes de incerteza

Tomar decisões sob incerteza não é apenas um exercício racional; é profundamente influenciado por fatores comportamentais, incluindo emoções, vieses cognitivos e atitudes individuais frente ao risco.

- **O papel das emoções** – as emoções desempenham um papel central na forma como as decisões são tomadas em ambientes de incerteza. O medo, por exemplo, pode levar à aversão ao risco, fazendo com que líderes evitem tomar decisões ousadas, mesmo quando essas são necessárias. Por outro lado, a excitação ou o otimismo excessivo podem levar a decisões imprudentes, onde os riscos são subestimados. Gerenciar essas emoções e reconhecê-las como parte do processo é fundamental para manter a clareza e a objetividade.

- **Vieses cognitivos: armadilhas do pensamento** – em ambientes incertos, os vieses cognitivos se tornam ainda mais pronunciados. O viés de ancoragem, por exemplo, pode levar os líderes a se fixarem em uma informação inicial, mesmo que esta seja irrelevante ou incorreta. O viés de confirmação pode fazer com que se busque apenas informações que confirmem suposições pré-existentes, ignorando dados que poderiam indicar um caminho diferente. A conscientização e a mitigação desses vieses são essenciais para a tomada de decisões mais equilibradas e informadas.

- **Atitude frente ao risco** – a incerteza inevitavelmente traz riscos, e a maneira como os líderes percebem e reagem a esses riscos pode determinar o sucesso ou o fracasso da decisão. Líderes avessos ao risco podem optar por soluções mais conservadoras, que minimizam as possíveis perdas e limitam as oportunidades de ganho. Já aqueles com uma maior tolerância ao risco podem ser mais propensos a explorar novas possibilidades, mas correm o risco de subestimar os desafios e as dificuldades.

Estrategiando em ambientes de alta complexidade

Para tomar decisões eficazes em ambientes complexos, é necessário adotar uma abordagem estratégica que leve em conta os fatores comportamentais, ao mesmo tempo em que se busca reduzir a incerteza por meio de análise e planejamento.

- **Tomada de decisão incremental** – em vez de buscar uma solução definitiva de uma só vez, a tomada de decisão incremental permite que líderes façam ajustes contínuos, à medida que novas informações surgem. Essa abordagem, também conhecida como "estratégia de pequenos passos", é particularmente útil em ambientes de alta complexidade, onde a flexibilidade e a adaptabilidade são cruciais.
- **Uso de cenários e simulações** – simulações e a construção de cenários alternativos ajudam a prever possíveis desdobramentos de diferentes decisões, permitindo que os líderes testem suas suposições em um ambiente controlado. Essa prática pode reduzir a incerteza ao fornecer uma visão mais clara das possíveis consequências e ajudando a identificar os riscos mais significativos.
- **Consulta a múltiplos *Stakeholders*** – envolver uma variedade de stakeholders no processo decisório traz à tona uma diversidade de perspectivas que podem iluminar diferentes aspectos do problema. Essa abordagem colaborativa enriquece a base de informações disponíveis e ajuda a identificar e mitigar vieses individuais, promovendo uma decisão mais equilibrada.

Resiliência e adaptabilidade como vantagem competitiva

Em ambientes de alta complexidade, a capacidade de adaptar-se rapidamente às mudanças e de aprender com cada decisão, seja ela bem-

-sucedida ou não, é uma vantagem competitiva crítica. Líderes resilientes não apenas aceitam a incerteza como parte do processo, eles a utilizam como uma oportunidade para inovar e se diferenciar no mercado.

- **Resiliência emocional e mental** – líderes que desenvolvem resiliência emocional conseguem manter a calma e o foco em meio à incerteza. Eles são capazes de gerenciar o estresse e tomar decisões com clareza, mesmo quando enfrentam pressão extrema. Essa estabilidade emocional é crucial para guiar a equipe através de tempos difíceis e incertos.
- **Cultura de aprendizado contínuo** – organizações que cultivam uma cultura de aprendizado contínuo estão mais bem preparadas para lidar com a incerteza. Essas organizações encorajam a experimentação, aprendem com os erros e estão sempre em busca de melhorias, permitindo-lhes se adaptar rapidamente às mudanças e emergir mais fortes de situações complexas.

Conclusão

A tomada de decisão sob incerteza em ambientes de alta complexidade exige uma combinação de Inteligência Emocional, autoconsciência e uma compreensão profunda dos fatores comportamentais que influenciam o julgamento. Líderes que conseguem equilibrar a racionalidade com a intuição, gerenciar suas emoções e reconhecer os vieses que podem afetar suas decisões estão mais bem posicionados para guiar suas organizações por meio dos desafios mais difíceis.

Ao adotar práticas que aumentem a resiliência, promovam a flexibilidade e incentivem a colaboração, as organizações podem transformar a incerteza de uma ameaça em uma oportunidade, construindo um futuro mais forte e mais seguro, mesmo nos cenários mais incertos.

Capítulo 6

COMUNICAÇÃO E ALINHAMENTO ESTRATÉGICO

*Qualquer um pode zangar-se, isso é fácil. Mas zangar-se com a
pessoa certa, na medida certa, na hora certa, pelo motivo certo e da
maneira certa, não é fácil*
(Aristóteles em Ética a Nicômano)

A comunicação eficaz é a pedra angular da disseminação bem-sucedida de qualquer estratégia organizacional. Em um ambiente corporativo onde a complexidade e a velocidade das mudanças são a norma, a capacidade de transmitir a estratégia de maneira clara, coerente e emocionalmente consciente pode determinar o sucesso ou fracasso de sua implementação. Líderes que dominam a arte de comunicar os objetivos estratégicos e o propósito e os valores subjacentes conseguem alinhar suas equipes, motivar seus colaboradores e garantir que todos estejam comprometidos com a execução do plano.

O PAPEL FUNDAMENTAL DA COMUNICAÇÃO NA IMPLEMENTAÇÃO ESTRATÉGICA

A comunicação eficaz é essencial para transformar uma estratégia de um conceito abstrato em ações concretas que impulsionam a organização em direção aos seus objetivos. Sem uma comunicação clara, mesmo as melhores estratégias correm o risco de serem mal interpretadas, ignoradas ou, pior, implementadas de maneira errada, levando a resultados abaixo do esperado.

Alinhamento organizacional

Uma comunicação estratégica eficaz garante que todos os membros da organização compreendam claramente os objetivos e as prioridades. Esse alinhamento é crucial para que todos os departamentos, equipes e indivíduos estejam trabalhando em sinergia, contribuindo para um esforço coletivo direcionado para o mesmo fim. Quando a estratégia é comunicada de forma clara e repetida, ela se torna uma diretriz comum que orienta as ações e decisões diárias.

Motivação e compromisso

A comunicação não é apenas sobre o que é dito. É sobre como é dito. Quando líderes comunicam a estratégia de maneira que ressoe emocionalmente com os colaboradores, eles conseguem inspirar um senso de propósito e compromisso. A estratégia deixa de ser apenas uma série de metas a serem atingidas e se torna uma missão compartilhada, com a qual todos se sentem pessoalmente conectados.

Comunicação emocionalmente consciente: conectando-se com a equipe

A comunicação emocionalmente consciente é aquela que leva em consideração os sentimentos, percepções e necessidades emocionais dos colaboradores. Esse tipo de comunicação vai além da mera transmissão de informações; ela cria uma conexão, gera confiança e fortalece o engajamento.

Empatia e escuta ativa

Líderes que praticam a comunicação emocionalmente consciente utilizam a empatia para se colocar no lugar dos colaboradores, compreendendo suas preocupações, ansiedades e expectativas. A escuta ativa, na qual os líderes não apenas ouvem, mas realmente entendem e respondem às necessidades da equipe, é fundamental para criar um ambiente de confiança e colaboração.

Transparência e autenticidade

Transparência na comunicação cria um ambiente onde os colaboradores se sentem informados e valorizados. Quando os líderes comunicam de forma autêntica, sem tentar esconder ou mascarar as realidades, eles criam uma cultura de honestidade e confiança. Essa autenticidade é particularmente importante durante a implementação de estratégias que podem envolver mudanças significativas ou difíceis.

Ferramentas e métodos para uma comunicação eficaz

Para que a comunicação estratégica seja eficaz, é necessário utilizar as ferramentas e métodos corretos que facilitem a disseminação da informação e garantam que todos os níveis da organização estejam alinhados.

- **Comunicação multicanal**

No ambiente corporativo moderno, é essencial utilizar uma abordagem multicanal para garantir que a mensagem alcance todos os membros da organização. Isso inclui reuniões presenciais, e4-mails, plataformas de comunicação interna, vídeos e até mesmo redes sociais corporativas. A repetição da mensagem por meio de múltiplos canais ajuda a reforçar a estratégia e a garantir que ela seja compreendida de forma consistente.

- ***Feedback* contínuo**

A comunicação eficaz é um processo bidirecional. Além de transmitir a estratégia, é crucial criar canais de *feedback* nos quais os colaboradores possam expressar suas dúvidas, preocupações e sugestões. O *feedback* contínuo ajuda a identificar e resolver problemas rapidamente, além de fortalecer o senso de participação e pertencimento dos colaboradores no processo estratégico.

- **Narrativas e *storytelling***

O uso de narrativas e *storytelling* na comunicação estratégica pode transformar informações secas e factuais em histórias envolventes que capturam a imaginação e o coração dos colaboradores. Quando a estratégia é comunicada por meio de histórias que ilustram o impacto e o propósito por trás das metas, ela se torna mais memorável e inspiradora.

- **Desafios e soluções na comunicação estratégica**

A comunicação eficaz enfrenta diversos desafios, especialmente em organizações grandes ou diversificadas, nos quais as barreiras de comunicação podem ser significativas.

- **Superando barreiras hierárquicas e culturais**

Em organizações com estruturas hierárquicas rígidas ou culturas diversificadas, as mensagens podem ser distorcidas ou perder o impacto, à medida que passam de um nível para outro. Para superar essas barreiras, é essencial adotar uma comunicação direta e clara e garantir que todos os níveis hierárquicos compreendam e transmitam a mensagem de forma consistente.

- **Evitando sobrecarga de informação**

Em um esforço para ser transparente e abrangente, líderes podem acabar sobrecarregando os colaboradores com informações. Para evitar isso, é importante priorizar as mensagens mais importantes e utilizar uma comunicação clara e concisa, destacando os postos-chave e deixando espaço para perguntas e esclarecimentos.

Ao investir em uma comunicação que seja clara, coerente e emocionalmente conectada, as organizações garantem que todos os membros estejam alinhados e motivados para alcançar os objetivos estratégicos. Em última análise, uma comunicação eficaz transforma a estratégia de uma visão em ação, impulsionando a organização em direção ao sucesso.

COMUNICAÇÃO DIFERENCIADA ENTRE OS PERFIS COMPORTAMENTAIS: A METODOLOGIA DISC COMO GUIA ESTRATÉGICO

Entender e adaptar a comunicação para diferentes perfis comportamentais é crucial para a disseminação eficaz da estratégia organizacional. A metodologia DISC, amplamente utilizada para categorizar estilos de comportamento, identifica quatro perfis principais: dominância, influência, estabilidade e conformidade. Cada um desses perfis possui preferências distintas de comunicação, o que significa que uma abordagem única pode não ser eficaz para engajar toda a equipe. Ao ajustar a comunicação para se alinhar às características de cada perfil, os líderes podem aumentar a compreensão, o engajamento e a eficácia da implementação estratégica.

Perfil de Dominância (D): comunicação direta e objetiva

Indivíduos com alto nível de Dominância são orientados para resultados, focados em objetivos e preferem uma comunicação direta e eficiente. Eles valorizam a rapidez e a clareza e tendem a ser impacientes com detalhes excessivos ou conversas que não levem a uma ação concreta.

- **Abordagem comunicativa** – ao comunicar com o perfil de Dominância, é importante ser direto e ir ao ponto rapidamente. Destacar os resultados esperados, prazos e a relevância estratégica ajudará a captar a atenção desses indivíduos. Evite floreios ou discussões longas sobre processos; foque no "o que" e "como" a estratégia será implementada para atingir os objetivos.

- **Estratégia de engajamento** – para engajar o perfil de Dominância, ofereça desafios e deixe claro como sua participação será crucial para o sucesso do Plano Estratégico. Dê-lhes autonomia e mostre como suas decisões e ações impactarão diretamente os resultados.

Perfil de Influência (I): comunicação energética e relacional

O perfil de Influência é caracterizado por uma natureza extrovertida, entusiástica e orientada para as pessoas. Esses indivíduos respondem bem a uma comunicação energizante e inspiradora, que valorize a colaboração e as relações interpessoais.

- **Abordagem comunicativa** – ao se comunicar com o perfil de Influência, adote uma abordagem calorosa e entusiástica. Utilize histórias, exemplos vívidos e enfatize o impacto positivo da estratégia nas pessoas e na cultura organizacional. Envolver esse perfil em discussões colaborativas e usar *feedback* positivo ajudará a mantê-los engajados.
- **Estratégia de engajamento** – para manter o perfil de Influência comprometido, destaque o papel das relações e da comunicação na execução da estratégia. Incentive sua criatividade e envolvimento em atividades de *brainstorming* ou embaixadores internos, onde possam usar suas habilidades de influência para promover a estratégia.

Perfil de Estabilidade (S): comunicação segura e harmônica

Indivíduos com alto perfil de Estabilidade valorizam a segurança, a harmonia e a colaboração. Eles preferem uma comunicação calma, cuidadosa e respeitosa, que forneça uma sensação de apoio e segurança.

- **Abordagem comunicativa** – ao comunicar com o perfil de Estabilidade, é essencial ser paciente e fornecer informações de forma clara e estruturada. Explique como a estratégia vai contribuir para a estabilidade organizacional e assegure que todos os detalhes foram considerados. Evite pressioná-los para mudanças rápidas; em vez disso, ofereça suporte e tempo para adaptação.

- **Estratégia de engajamento** – para engajar o perfil de Estabilidade, enfatize o papel da cooperação e do suporte mútuo na implementação da estratégia. Crie um ambiente onde se sintam seguros para expressar suas preocupações e onde as mudanças sejam introduzidas de forma gradual e bem planejada.

Perfil de Conformidade (C): comunicação detalhada e baseada em fatos

O perfil de Conformidade é orientado por precisão, lógica e atenção aos detalhes. Indivíduos com esse perfil preferem uma comunicação baseada em fatos e dados, com uma abordagem analítica e estruturada.

- **Abordagem comunicativa** – ao se comunicar com o perfil de Conformidade, apresente informações detalhadas e bem fundamentadas. Seja específico sobre o processo, as métricas e os critérios de sucesso da estratégia. Evite apelos emocionais ou generalizações; em vez disso, forneça evidências e razões lógicas para cada decisão.
- **Estratégia de engajamento** – para engajar o perfil de Conformidade, envolva-os na análise e planejamento da estratégia. Dê-lhes a oportunidade de revisar e contribuir com sugestões que possam melhorar a precisão e a eficácia do plano. Valorize sua capacidade de identificar riscos e criar soluções detalhadas.

Integração dos perfis no processo comunicativo

Ao integrar os diferentes perfis comportamentais no processo comunicativo, os líderes podem criar uma estratégia de comunicação mais inclusiva e eficaz. Isso envolve adaptar a mensagem e desenvolve o canal e o método de comunicação para se alinhar às preferências de cada perfil.

- **Comunicação multicanal personalizada** – utilizar uma abordagem multicanal, na qual cada perfil recebe a comunicação em um formato que melhor ressoe com suas preferências, aumenta a eficácia da disseminação da estratégia. Por exemplo, enquanto o perfil Dominância pode preferir e-mails curtos e diretos, o perfil de Influência pode responder melhor a apresentações interativas ou reuniões de grupo.

- *Feedback* e ajustes contínuos – coletar *feedback* contínuo de cada perfil comportamental permite ajustes na comunicação e na implementação da estratégia, garantindo que todos os membros da organização se sintam ouvidos e valorizados. Isso melhora o engajamento e aumenta a eficácia geral da execução da estratégia.

Conclusão

A comunicação eficaz é mais do que apenas uma ferramenta; é um pilar fundamental para o sucesso estratégico. Líderes que dominam a arte de comunicar claramente e com consciência emocional criam um ambiente onde a estratégia não é apenas compreendida, ela é internalizada e implementada com paixão e comprometimento.

Compreender e adaptar a comunicação para diferentes perfis comportamentais, conforme definido pela metodologia DISC, é essencial para a disseminação eficaz de uma estratégia organizacional. Ao reconhecer e respeitar as necessidades e preferências de cada perfil, os líderes podem criar um ambiente onde todos os colaboradores se sintam valorizados e engajados, promovendo uma execução estratégica mais eficiente e coesa.

A comunicação diferenciada, baseada na metodologia DISC, não apenas melhora a compreensão e o engajamento: fortalece a cultura organizacional, ao promover uma abordagem inclusiva e personalizada. Ao dominar essa arte, os líderes podem transformar a comunicação em uma poderosa ferramenta para o sucesso estratégico.

ALINHAMENTO DE EXPECTATIVAS: GARANTIR QUE TODOS OS NÍVEIS DA ORGANIZAÇÃO COMPREENDAM E ESTEJAM ALINHADOS COM A ESTRATÉGIA

O sucesso de uma estratégia organizacional não depende apenas da sua formulação, depende crucialmente, de como ela é compreendida e internalizada por todos os níveis da empresa. Alinhar expectativas é o processo de assegurar que cada colaborador, independentemente de sua posição hierárquica, entenda a direção estratégica da organização e saiba como sua função específica contribui para os objetivos maiores. Esse alinhamento é vital para criar uma organização coesa e direcionada, onde todos os esforços estão sincronizados em direção a uma visão comum.

A importância do alinhamento de expectativas

O alinhamento de expectativas é fundamental, porque ele promove clareza, coesão e compromisso. Sem essa sintonia, há o risco de ocorrerem mal-entendidos, desalinhamento de prioridades e esforços desperdiçados, todos fatores que podem comprometer a implementação bem-sucedida da estratégia.

- **Clareza e transparência** – para que uma estratégia seja eficaz, ela precisa ser claramente compreendida por todos os envolvidos. Isso requer uma comunicação transparente, onde os objetivos, metas e a visão estratégica são articuladas de maneira que ressoe com diferentes públicos dentro da organização. Quando os colaboradores compreendem o "porquê" por trás das decisões estratégicas, eles se sentem mais conectados e motivados a contribuir ativamente.

- **Coesão organizacional** – o alinhamento de expectativas garante que todos os níveis da organização, desde a alta liderança até os colaboradores da linha de frente, estejam trabalhando em uníssono. Isso cria uma coesão que é vital para a execução eficiente da estratégia. A ausência de alinhamento pode levar a um esforço fragmentado, no qual diferentes partes da organização podem estar perseguindo objetivos conflitantes ou mal interpretados.

- **Comprometimento e responsabilidade** – quando as expectativas são alinhadas, os colaboradores entendem suas funções dentro da estratégia, sentem-se responsáveis pelo sucesso dela. Esse senso de propriedade e compromisso é essencial para garantir que todos estejam empenhados em alcançar os resultados desejados.

Estratégias para alinhamento eficaz de expectativas

Alinhar expectativas em todos os níveis organizacionais requer um esforço consciente e planejado. Existem várias estratégias que podem ser empregadas para garantir que todos os colaboradores estejam na mesma página.

- **Comunicação consistente e personalizada** – uma comunicação consistente e personalizada é o primeiro passo para o alinhamento de expectativas. Isso envolve adaptar a mensagem de acordo com as necessidades e responsabilidades de diferentes grupos dentro da organização. A alta liderança pode precisar de uma visão macro e de tendências de longo prazo, enquanto os gestores intermediários podem se concentrar em metas de curto prazo e na execução operacional.

- **Reuniões de alinhamento e *workshops*** – organizar reuniões de alinhamento e *workshops* pode ser uma ferramenta poderosa para garantir que todos compreendam a estratégia. Esses encontros permitem que a liderança articule a visão estratégica, responda a perguntas e ajuste as expectativas com base no *feedback*. Eles também proporcionam uma oportunidade para o desenvolvimento de um entendimento compartilhado e para a resolução de possíveis mal-entendidos.

- **Definição clara de papéis e responsabilidades** – para que o alinhamento de expectativas seja eficaz, é fundamental que todos saibam exatamente o que se espera deles. Isso inclui uma definição clara de papéis e responsabilidades, bem como das métricas que serão usadas para medir o sucesso. Quando cada colaborador entende como seu trabalho específico contribui para a estratégia geral, o nível de engajamento e comprometimento tende a aumentar.

- ***Feedback* contínuo e ajustes** – o alinhamento de expectativas não é um processo único; ele requer monitoramento contínuo e ajustes conforme a estratégia evolui. Coletar *feedback* regularmente ajuda a identificar áreas onde as expectativas podem estar desalinhadas e permite que a liderança faça os ajustes necessários para manter todos focados nos objetivos estratégicos.

Desafios e soluções no alinhamento de expectativas

Embora o alinhamento de expectativas seja vital, ele também apresenta desafios, especialmente em grandes organizações ou em momentos de mudança significativa.

- **Barreiras de comunicação** – em organizações complexas, as barreiras de comunicação podem dificultar o alinhamento de expectativas. Essas barreiras podem ser hierárquicas, geográficas ou culturais. Superá-las requer uma abordagem de comunicação deliberada, onde múltiplos canais são utilizados para garantir que a mensagem estratégica chegue a todos os cantos da organização.

- **Resistência à mudança** – mudanças estratégicas frequentemente encontram resistência, especialmente se as expectativas não forem claramente comunicadas ou se os colaboradores não entenderem os benefícios da mudança. Para superar essa resistência, é crucial envolver os colaboradores no processo de planejamento estratégico desde o início, garantindo que suas preocupações sejam ouvidas e que eles compreendam como a mudança os afetará positivamente.

- **Desalinhamento de prioridades** – à medida que as estratégias evoluem, pode haver um desalinhamento de prioridades entre diferentes departamentos ou equipes. Para evitar isso, é essencial que a liderança reavalie regularmente as prioridades e comunique qualquer ajuste de forma clara e tempestiva, garantindo que todos estejam trabalhando em direção às mesmas metas.

Conclusão

O alinhamento de expectativas é um pilar fundamental para o sucesso de qualquer estratégia organizacional. Ele garante que todos os membros da organização compreendam e estejam comprometidos com a visão estratégica, trabalhando em sinergia para alcançar os objetivos estabelecidos.

Ao investir em estratégias de comunicação clara, reuniões de alinhamento, definição de papéis e responsabilidades e *feedback* contínuo, as organizações podem criar um ambiente onde cada colaborador se sinta parte integral do processo estratégico. Esse alinhamento, além de melhorar a eficácia da implementação estratégica, também fortalece a coesão organizacional e aumenta o engajamento dos colaboradores, resultando em uma organização mais ágil, eficiente e bem-sucedida.

O DIAGNÓSTICO ESTRATÉGICO – PESSOAS E EMPRESA NA MESMA DIREÇÃO E SENTIDO

O diagnóstico estratégico é um processo essencial para garantir que a empresa e seus colaboradores estejam alinhados na mesma direção e sentido. Ele envolve uma análise profunda tanto dos fatores internos quanto dos externos que afetam a organização, com o objetivo de identificar forças, fraquezas, oportunidades e ameaças. No entanto, para que o diagnóstico seja realmente eficaz, ele deve considerar todos os aspectos técnicos e mercadológicos, e as dinâmicas comportamentais e emocionais dentro da organização.

O papel do diagnóstico estratégico no alinhamento organizacional

O diagnóstico estratégico funciona como uma bússola que orienta a empresa em sua jornada rumo aos objetivos estabelecidos. Ele avalia a situação atual da organização e projeta o caminho a ser seguido, garantindo que todos os colaboradores estejam na mesma direção.

- **Avaliação de recursos e capacidades** – o diagnóstico estratégico começa com a avaliação dos recursos e capacidades da organização. Isso inclui uma análise das competências técnicas e operacionais e vai além, examinando também o capital humano, o clima organizacional e a cultura existente. Identificar onde a empresa se destaca e onde precisa melhorar é crucial para desenvolver estratégias que alavanquem suas forças e mitiguem suas fraquezas.

- **Análise comportamental e emocional** – um aspecto frequentemente subestimado no diagnóstico estratégico é a análise comportamental e emocional da força de trabalho. Compreender as motivações, valores e crenças dos colaboradores é essencial para garantir que a estratégia organizacional esteja alinhada às expectativas e necessidades do time. Essa compreensão profunda permite à liderança identificar possíveis resistências ou áreas de desalinhamento, permitindo um planejamento mais eficaz.

- **Alinhamento entre visão empresarial e pessoal** – o diagnóstico estratégico deve também assegurar que a visão e os objetivos da empresa estejam em harmonia com as aspirações pessoais dos colaboradores. Quando há um alinhamento entre o que a empresa busca alcançar e o que seus colaboradores desejam realizar, há um aumento significativo no engajamento e na dedicação. Isso transforma o Plano Estratégico em um projeto coletivo, no qual todos estão igualmente comprometidos com o sucesso.

Ferramentas e métodos para um diagnóstico eficaz

Para realizar um diagnóstico estratégico que alinhe pessoas e empresa, diversas ferramentas e métodos podem ser empregados. Essas ferramentas ajudam a obter uma visão completa e integrativa da organização, facilitando a identificação de áreas-chave para intervenção.

- **Análise SWOT com perspectiva humana** – a análise SWOT (Forças, Fraquezas, Oportunidades e Ameaças) é uma das ferramentas mais utilizadas no diagnóstico estratégico. No entanto, ao incluir uma perspectiva humana, essa ferramenta se torna ainda mais poderosa. Ao avaliar as forças e fraquezas internas, por exemplo, é crucial considerar não apenas aspectos técnicos, mas também o moral dos colaboradores, sua capacidade de adaptação e a cultura organizacional. Do mesmo modo, as oportunidades e ameaças externas devem ser vistas sob a ótica mercadológica, além de considerar como essas mudanças podem impactar emocionalmente os colaboradores.

- **Entrevistas e pesquisas de clima organizacional** – entrevistas com líderes e colaboradores, além de pesquisas de clima organizacional, são fundamentais para entender o estado emocional e comportamental da organização. Esses instrumentos revelam percepções, expectativas e potenciais fontes de resistência que podem não ser visíveis por meio de análises quantitativas tradicionais. Além disso, eles fornecem *insights* valiosos sobre como os colaboradores percebem a estratégia da empresa e onde pode haver gaps de comunicação ou entendimento.

- **Mapeamento de competências e alinhamento de perfis** – o mapeamento de competências permite uma visão clara de onde as habilidades dos colaboradores estão alinhadas às necessidades estratégicas da empresa e onde existem lacunas. Ao utilizar metodologias como DISC, por exemplo, é possível identificar os perfis comportamentais predominantes na organização e ajustar a estratégia para maximizar as forças e minimizar as fraquezas. Esse alinhamento entre perfis comportamentais e necessidades estratégicas é vital para garantir que a execução do Plano Estratégico seja feita de forma coesa e eficiente.

Superando desafios no alinhamento de pessoas e estratégia

Apesar dos benefícios, alinhar pessoas e estratégia por meio de um diagnóstico eficaz não é um processo isento de desafios. Esses desafios, no entanto, podem ser superados com uma abordagem consciente e integrativa.

- **Resistência à mudança** – um dos principais desafios é a resistência à mudança. Mesmo com um diagnóstico estratégico sólido, a introdução de novas estratégias pode encontrar resistência se os colaboradores não se sentirem parte do processo ou se não entenderem o propósito das mudanças. Para superar esse obstáculo, é essencial comunicar de forma clara os benefícios das mudanças e envolver os colaboradores desde as fases iniciais do diagnóstico.

- **Comunicação ineficaz** – outro desafio comum é a comunicação ineficaz. Mesmo as melhores estratégias podem falhar se não forem comunicadas de forma clara e adequada a todos os níveis da organização. Para evitar isso, a liderança deve investir em uma comunicação contínua, transparente e adaptada aos diferentes perfis comportamentais dentro da empresa. Isso garante que todos compreendam e se alinhem à estratégia.

- **Desconexão entre visão estratégica e práticas cotidianas** – há também o desafio de assegurar que a visão estratégica não se desconecte das práticas cotidianas. Muitas vezes, a estratégia é vista como algo distante ou inalcançável para os colaboradores da linha de frente. Para evitar essa desconexão, o diagnóstico estratégico deve incluir um plano de ação que traduza a visão estratégica em atividades diárias claras e realizáveis para todos os níveis da organização.

Conclusão

Um diagnóstico estratégico que alinha pessoas e empresa na mesma direção e sentido é o alicerce de uma estratégia bem-sucedida. Ao integrar análises técnicas com uma profunda compreensão comportamental e emocional, as empresas podem garantir que sua visão estratégica seja não apenas compreendida, como também internalizada por todos os colaboradores.

Esse alinhamento gera um ambiente de trabalho onde cada indivíduo entende seu papel e sente-se parte do processo estratégico, resultando em maior engajamento, eficiência e, consequentemente, no sucesso organizacional. Portanto, investir em um diagnóstico estratégico abrangente e integrativo não é apenas uma boa prática, é na realidade uma necessidade para qualquer organização que busca alcançar seus objetivos de maneira sustentável e coesa.

No Capítulo 9, "Estudos de caso e aplicações práticas", iremos apresentar uma metodologia de diagnóstico que contempla o ajuste das diferenças pessoais e empresariais, construindo expectativas coerentes entre todas as partes.

Capítulo 7

GESTÃO DE MUDANÇAS

Relute em fazer algo novo e continuará tendo os mesmos resultados.

RESILIÊNCIA ORGANIZACIONAL: PREPARANDO A ORGANIZAÇÃO EMOCIONALMENTE PARA MUDANÇAS ESTRATÉGICAS

A resiliência organizacional é a capacidade de uma empresa de se adaptar e prosperar diante de mudanças, desafios e crises. Em um mundo corporativo cada vez mais dinâmico e imprevisível, desenvolver essa resiliência não é apenas um diferencial competitivo, é uma necessidade vital. No entanto, para que a organização seja verdadeiramente resiliente, é fundamental que essa resiliência inclua a dimensão emocional dos colaboradores, preparando-os para as inevitáveis mudanças estratégicas que surgem no caminho.

O conceito de resiliência organizacional

A resiliência organizacional pode ser definida como a habilidade de uma organização de absorver choques, adaptar-se rapidamente a novas circunstâncias e continuar operando de maneira eficaz. Essa capacidade não se refere apenas à resistência física ou técnica da empresa, mas também à sua capacidade emocional de lidar com a incerteza e a mudança.

Adaptabilidade e agilidade – organizações resilientes são aquelas que conseguem se adaptar rapidamente a mudanças no ambiente de negócios, seja em resposta a crises econômicas, transformações tecnológicas ou mudanças no mercado. Essa adaptabilidade requer não apenas uma estrutura flexível, mas também uma cultura organizacional que valorize a agilidade e a inovação, incentivando os colaboradores a abraçarem novas ideias e abordagens.

Estabilidade emocional coletiva – além de agilidade, a resiliência organizacional também envolve a capacidade emocional de lidar com mudanças. Isso significa que a organização deve ser capaz de manter um ambiente de trabalho estável e seguro, mesmo em tempos de incerteza. A estabilidade emocional coletiva é crucial para garantir que os colaboradores se sintam seguros e capazes de enfrentar desafios sem serem paralisados pelo medo ou pelo estresse.

Preparando a organização para mudanças estratégicas

Para que uma organização seja verdadeiramente resiliente, é necessário prepará-la de forma proativa para as mudanças estratégicas. Isso envolve não apenas a criação de planos de contingência, envolve, além disso, o fortalecimento emocional dos colaboradores.

- **Comunicação transparente e constante** – a comunicação transparente é uma das ferramentas mais poderosas para construir resiliência organizacional. Em tempos de mudança, os colaboradores precisam de informações claras e consistentes para entender o que está acontecendo, por que as mudanças estão sendo feitas e como elas afetarão o futuro da organização. Uma comunicação eficaz reduz a ansiedade e aumenta a confiança na liderança, criando um ambiente mais resiliente.

- **Desenvolvimento de competências emocionais** – para enfrentar mudanças estratégicas, os colaboradores precisam de mais do que habilidades técnicas; eles precisam de competências emocionais que lhes permitam lidar com o estresse, a incerteza e a pressão. Programas de desenvolvimento focados em Inteligência Emocional, como o fortalecimento de habilidades de autogestão, autoconsciência e empatia, são fundamentais para construir uma força de trabalho emocionalmente resiliente.

- **Cultura de suporte e colaboração** – uma cultura organizacional que valoriza o suporte mútuo e a colaboração é essencial para a resiliência. Em tempos de mudança, os colaboradores que sentem que têm o apoio de seus colegas e líderes são mais capazes de se adaptar e contribuir para o sucesso da organização. Isso requer a criação de um ambiente onde a colaboração é incentivada e onde os desafios são enfrentados coletivamente, em vez de isoladamente.

Superando barreiras à resiliência emocional

Embora a construção de resiliência organizacional seja crucial, ela também apresenta desafios, especialmente em grandes organizações ou durante períodos de mudança significativa.

- **Resistência à mudança** – um dos maiores obstáculos à resiliência é a resistência à mudança. Muitos colaboradores podem se sentir ameaçados ou inseguros diante de novas estratégias ou direções, o que pode dificultar a adaptação. Para superar essa resistência, é fundamental envolver os colaboradores desde o início, garantindo que eles compreendam o propósito das mudanças e se sintam parte do processo de transição.

- **Gestão do estresse e *burnout*** – mudanças estratégicas podem gerar altos níveis de estresse e levar ao *burnout*, especialmente se os colaboradores sentirem que não têm os recursos necessários para lidar com as novas demandas. Para prevenir isso, as organizações devem monitorar o bem-estar dos colaboradores e oferecer suporte adequado, como programas de bem-estar, *coaching* ou aconselhamento.

- **Alinhamento entre liderança e colaboradores** – para que a resiliência seja eficaz, deve haver um alinhamento claro entre a liderança e os colaboradores. A liderança deve ser capaz de inspirar confiança e mostrar um compromisso genuíno com o bem-estar dos colaboradores, enquanto os colaboradores devem estar dispostos a seguir a liderança e se adaptar às novas realidades. Esse alinhamento é essencial para garantir que a resiliência emocional se traduza em ação coletiva e coesa.

Conclusão

A resiliência organizacional, com foco na preparação emocional para mudanças estratégicas, é um dos pilares da sustentabilidade a longo prazo. Ao investir em comunicação transparente, desenvolvimento de competências emocionais e uma cultura de suporte, as organizações podem garantir que suas equipes estejam prontas para enfrentar desafios de forma eficaz e coesa.

Essa resiliência emocional fortalece a capacidade da organização de se adaptar e prosperar e melhora o engajamento e a satisfação dos colaboradores, criando um ambiente onde todos se sentem capacitados para contribuir para o sucesso coletivo. Em um mundo corporativo em constante evolução, a resiliência organizacional é mais do que uma vantagem competitiva; é uma necessidade essencial para a sobrevivência e o crescimento sustentável.

GESTÃO DE CRISES: COMO FATORES EMOCIONAIS E COMPORTAMENTAIS INFLUENCIAM A RESPOSTA A CRISES

A gestão de crises é um dos maiores testes para qualquer organização, revelando não apenas a robustez de suas estratégias e processos, além da capacidade emocional e comportamental de sua liderança e equipe. Em momentos de crise, a maneira como indivíduos e grupos reagem pode determinar se a organização sairá fortalecida ou enfraquecida. Fatores emocionais e comportamentais desempenham um papel central nessa resposta, influenciando decisões, comunicação e a capacidade de adaptação da organização.

A natureza das crises organizacionais

Crises organizacionais podem surgir de inúmeras fontes: desastres naturais, falhas tecnológicas, crises financeiras, escândalos éticos ou pandemias globais, para citar alguns exemplos. Independentemente da origem, crises têm em comum a introdução de um alto nível de incerteza, pressão e urgência, exigindo respostas rápidas e eficazes.

- **Incerteza e ambiguidade** – a incerteza é uma característica central das crises. As informações disponíveis são muitas vezes incompletas ou contraditórias, tornando difícil para a liderança tomar decisões informadas. Essa ambiguidade pode gerar ansiedade e medo, levando a decisões precipitadas ou, no extremo oposto, à paralisia na hora de decidir.
- **Pressão e urgência** – crises exigem respostas imediatas, muitas vezes sob intensa pressão. A urgência pode desencadear respostas emocionais intensas, como estresse e ansiedade, que podem interferir na capacidade de raciocínio lógico e na comunicação eficaz.

Influência dos fatores emocionais na gestão de crises

Em momentos de crise, as emoções estão à flor da pele, e a maneira como essas emoções são gerenciadas pode fazer a diferença entre o sucesso e o fracasso na resposta organizacional.

- **Impacto do estresse no tomada de decisão** – o estresse é uma resposta natural a situações de crise, mas seu impacto pode ser duplo. Por um lado, um nível moderado de estresse pode aumentar a concentração e a determinação. Por outro, o estresse excessivo pode prejudicar a clareza de pensamento, levando a decisões impulsivas ou mal ponderadas. A capacidade de gerenciar o estresse é, portanto, fundamental para manter a eficácia na tomada de decisão durante uma crise.

- **A importância da Inteligência Emocional** – líderes emocionalmente inteligentes têm uma vantagem significativa na gestão de crises. Eles são capazes de reconhecer e regular suas próprias emoções, mantendo a calma e o foco mesmo sob pressão. Além disso, eles têm a habilidade de reconhecer e responder adequadamente às emoções de seus colaboradores, oferecendo suporte e liderança que acalma e orienta, em vez de exacerbar a situação de crise.

- **Resiliência emocional** – a resiliência emocional permite que indivíduos e equipes se recuperem rapidamente após reveses, mantendo uma atitude positiva e proativa. Em uma crise, essa resiliência é crucial para evitar o desânimo e garantir que a equipe continue a funcionar de forma coesa e eficaz, mesmo em face de adversidades significativas.

Dinâmicas comportamentais na resposta a crises

Além das emoções, os comportamentos dos indivíduos e grupos desempenham um papel crucial na gestão de crises. A forma como as pessoas agem, colaboram e se comunicam pode facilitar ou dificultar a resposta organizacional.

- **Liderança e tomada de decisão** – a liderança em tempos de crise requer a capacidade de tomar decisões rápidas e assertivas. No entanto, a eficácia dessas decisões é frequentemente influenciada pelos vieses comportamentais dos líderes. Vieses como o excesso de confiança, o viés de confirmação ou o viés de aversão à perda podem distorcer a percepção da situação e levar a decisões menos qualificadas. Líderes conscientes desses vieses podem implementar estratégias para mitigar seus efeitos, como buscar conselhos de especialistas ou envolver diversas perspectivas no processo de decisão.

- **Comunicação e coordenação** – a comunicação clara e eficaz é essencial durante uma crise. No entanto, sob estresse, a comunicação pode se deteriorar, levando a mal-entendidos, falta de coordenação e, eventualmente, falhas na resposta à crise. Treinamentos em comunicação assertiva e a implementação de protocolos claros podem ajudar a manter a clareza e a eficácia da comunicação em momentos críticos.

- **Colaboração e coesão de equipe** – durante crises, o comportamento coletivo torna-se ainda mais importante. Equipes coesas, que confiam umas nas outras e colaboram de maneira eficaz, são mais capazes de enfrentar crises de forma unida e eficiente. Em contrapartida, conflitos internos, falta de confiança ou desorganização podem minar a capacidade da organização de responder adequadamente. Cultivar uma cultura de colaboração e confiança antes da crise é fundamental para assegurar que essas dinâmicas positivas se manifestem quando mais necessário.

Estratégias para integrar fatores emocionais e comportamentais na gestão de crises

Para uma gestão de crises eficaz, é essencial que as organizações reconheçam e integrem os fatores emocionais e comportamentais em seus planos de contingência.

- **Treinamento em gestão de crises** – treinamentos que simulem situações de crise podem preparar líderes e equipes para responder de forma mais eficaz. Esses treinamentos devem incluir componentes emocionais e comportamentais, ajudando os participantes a reconhecerem e gerenciar suas respostas emocionais, bem como a identificar e mitigar vieses comportamentais.

- **Suporte psicológico** – oferecer suporte psicológico durante crises é uma prática que pode fortalecer a resiliência emocional dos colaboradores. Isso pode incluir o acesso a serviços de aconselhamento, programas de bem-estar mental ou simplesmente a presença de líderes que demonstrem empatia e compreensão.

- **Criação de protocolos comportamentais** – estabelecer protocolos claros para o comportamento durante crises pode ajudar a alinhar as ações da equipe, minimizando o caos e a desorganização. Esses protocolos devem ser revisados e atualizados regularmente, com base nas lições aprendidas em crises anteriores.

Conclusão

A gestão de crises é, em última análise, um teste de resiliência tanto para a organização quanto para seus colaboradores. As emoções e os comportamentos desempenham um papel central nesse processo, influenciando a maneira como as crises são percebidas, abordadas e superadas. Ao investir no desenvolvimento emocional e comportamental de seus líderes e equipes, as organizações podem não apenas sobreviver às crises, mas emergir delas mais fortes, mais unidas e mais preparadas para os desafios futuros.

Essa abordagem holística, que integra os fatores emocionais e comportamentais na gestão de crises, transforma crises de ameaças em oportunidades para crescimento e fortalecimento organizacional.

Capítulo 8

MEDINDO E AJUSTANDO O PLANO ESTRATÉGICO

Você nunca sabe quais resultados virão de suas ações, mas se você não fizer nada, não existirão resultados.
(Mahatma Gandhi)

INDICADORES DE SUCESSO EMOCIONAL: DESENVOLVER MÉTRICAS PARA AVALIAR O IMPACTO EMOCIONAL E COMPORTAMENTAL DO PLANO ESTRATÉGICO

O sucesso de um Plano Estratégico não pode ser medido apenas por resultados financeiros ou metas atingidas. Em um cenário corporativo onde fatores emocionais e comportamentais são reconhecidos como determinantes para o desempenho organizacional, é fundamental desenvolver indicadores que capturem o impacto emocional e comportamental das estratégias implementadas. Esses indicadores, muitas vezes intangíveis, fornecem *insights* valiosos sobre a saúde emocional da organização, a satisfação e o engajamento dos colaboradores e a eficácia da liderança, garantindo que a estratégia não apenas funcione no papel, funcionando assim, na prática.

A importância dos indicadores de sucesso emocional

Indicadores de sucesso emocional são métricas que avaliam como o Plano Estratégico está afetando o bem-estar emocional e o comportamento dos colaboradores. Eles ajudam a identificar se a estratégia está sendo implementada de forma que sustente um ambiente de trabalho saudável, coeso e produtivo.

- **Alinhamento com os objetivos estratégicos** – para que os indicadores de sucesso emocional sejam eficazes, eles devem estar alinhados aos objetivos estratégicos da organização. Se a estratégia visa aumentar a inovação, por exemplo, os indicadores devem medir, além do número de novas ideias, a segurança psicológica dos colaboradores para propor essas ideias.

- **Medindo o engajamento emocional** – o engajamento emocional é um componente crítico do sucesso organizacional. Colaboradores emocionalmente engajados estão mais motivados, mais comprometidos e, em última análise, mais produtivos. Medir o nível de engajamento emocional por meio de pesquisas de clima organizacional, taxas de retenção e *feedback* qualitativo pode oferecer uma visão clara sobre o impacto emocional do Plano Estratégico.

Desenvolvendo métricas emocionais e comportamentais

Desenvolver métricas eficazes para avaliar o sucesso emocional e comportamental exige uma abordagem estruturada, que considere tanto os resultados quantitativos quanto qualitativos.

- **Pesquisa de clima organizacional** – as pesquisas de clima organizacional são ferramentas poderosas para medir o estado emocional dos colaboradores. Elas podem incluir perguntas específicas sobre sentimentos de segurança, reconhecimento, satisfação com o trabalho e confiança na liderança. Analisar as tendências ao longo do tempo permite identificar áreas de melhoria e ajustar a estratégia para melhor atender às necessidades emocionais da equipe.
- **Índice de resiliência emocional** – o índice de resiliência emocional mede a capacidade dos colaboradores de se recuperar de desafios e mudanças. Isso pode ser avaliado por meio de pesquisas que perguntam sobre a capacidade dos colaboradores de lidar com o estresse, adaptar-se a novas circunstâncias e manter uma atitude positiva em tempos de adversidade. Um alto índice de resiliência emocional indica que a organização está preparando bem sua equipe para enfrentar mudanças estratégicas.
- **Taxa de retenção e absenteísmo** – a taxa de retenção de colaboradores e o absenteísmo são indicadores indiretos, mas significativos, do sucesso emocional. Altos níveis de rotatividade ou absenteísmo podem sinalizar problemas emocionais ou comportamentais, como *burnout* ou desengajamento. A correlação desses

indicadores com as etapas do Plano Estratégico pode revelar quais aspectos da estratégia estão impactando negativamente o bem-estar dos colaboradores.

- *Feedback* **qualitativo** – o *feedback* qualitativo, obtido por meio de entrevistas, grupos focais ou sessões de escuta, oferece uma visão mais profunda dos sentimentos e atitudes dos colaboradores em relação ao Plano Estratégico. Essa abordagem permite capturar nuances que as métricas quantitativas podem não revelar, como preocupações sobre a cultura organizacional, percepções de justiça ou o impacto da liderança nas emoções da equipe.

Integrando indicadores emocionais no processo de avaliação estratégica

Para que os indicadores de sucesso emocional sejam eficazes, eles devem ser integrados no processo contínuo de avaliação estratégica. Isso requer uma mudança de mentalidade, na qual o sucesso é medido não apenas em termos de resultados financeiros, mas considera termos de bem-estar emocional e coesão comportamental.

- **Relatórios regulares** – as métricas emocionais e comportamentais devem ser monitoradas regularmente e reportadas aos líderes da organização. Isso garante que quaisquer sinais de alerta sejam identificados e abordados rapidamente, antes que possam impactar negativamente a implementação da estratégia.

- **Acompanhamento pós-implementação** – após a implementação de mudanças estratégicas, é essencial realizar um acompanhamento para avaliar o impacto emocional a longo prazo. Isso pode incluir revisitas às pesquisas de clima, novas sessões de *feedback* qualitativo e análises contínuas de retenção e absenteísmo.

- **Ajustes estratégicos baseados em dados emocionais** – os dados coletados por meio dos indicadores de sucesso emocional devem ser utilizados para fazer ajustes estratégicos conforme necessário. Se os indicadores mostrarem um declínio no bem-estar emocional ou no engajamento, a liderança deve estar pronta para modificar a estratégia ou implementar intervenções de apoio para melhorar o ambiente de trabalho.

Conclusão

O sucesso de uma organização não pode ser totalmente capturado por métricas financeiras ou de produtividade. Indicadores de sucesso emocional fornecem uma dimensão adicional e crucial, revelando como as estratégias impactam o bem-estar e o comportamento dos colaboradores. Ao desenvolver e monitorar essas métricas, as organizações podem garantir que suas estratégias sejam sustentáveis em termos de resultados, e também em termos de criar um ambiente de trabalho saudável e resiliente.

Essa abordagem holística à avaliação do Plano Estratégico transforma a gestão organizacional, promovendo um equilíbrio entre resultados e pessoas e garantindo que o caminho para o sucesso seja trilhado com Inteligência Emocional e coesão comportamental.

FLEXIBILIDADE E ADAPTAÇÃO: AJUSTANDO A ESTRATÉGIA EM RESPOSTA ÀS MUDANÇAS COMPORTAMENTAIS DENTRO DA ORGANIZAÇÃO

No ambiente corporativo dinâmico de hoje, onde mudanças são a única constante, a capacidade de uma organização de ajustar sua estratégia em resposta às transformações comportamentais internas é essencial para o sucesso sustentável. A flexibilidade estratégica, alimentada pela compreensão e adaptação às mudanças no comportamento organizacional, permite que a empresa não apenas sobreviva, mas prospere em meio à incerteza e à evolução contínua.

Em um ambiente corporativo marcado por constantes transformações, a habilidade de ajustar a estratégia de acordo com as mudanças comportamentais internas é crucial para a longevidade e sucesso organizacional. A flexibilidade estratégica, que inclui a adaptação às atitudes, motivações e expectativas dos colaboradores, melhora a eficácia da execução, além de alinhar a organização às novas realidades de seus integrantes.

A natureza dinâmica do comportamento organizacional

O comportamento organizacional é intrinsecamente dinâmico, influenciado por uma série de fatores internos e externos, como mudanças tecnológicas, novas políticas de trabalho e transformações sociais. À medida que esses fatores evoluem, eles impactam diretamente as percepções, o moral e o engajamento dos colaboradores. Manter uma estratégia fixa em um cenário de constante mudança pode levar ao desalinhamento entre a estratégia e a força de trabalho, comprometendo a implementação e os resultados.

- **Monitoramento contínuo do clima organizacional** – a adaptação da estratégia requer um monitoramento contínuo do clima organizacional. Ferramentas como pesquisas de clima, *feedback* regular e análise de dados comportamentais (como rotatividade e absenteísmo) são essenciais para captar sinais de mudanças nas atitudes e expectativas dos colaboradores. Isso permite que a liderança faça ajustes proativos na estratégia, garantindo que ela continue relevante e eficaz.

- **Resposta às tendências emergentes** – tendências emergentes, como o aumento do trabalho remoto, a busca por maior equilíbrio entre vida pessoal e profissional e a valorização da diversidade e inclusão, são exemplos de mudanças comportamentais que exigem flexibilidade na estratégia organizacional. Organizações que conseguem ajustar rapidamente suas políticas e planos estratégicos para refletir essas novas demandas tendem a ter maior sucesso em manter o engajamento e a motivação dos colaboradores.

Mecanismos de adaptação estratégica

Para que uma organização seja verdadeiramente flexível, ela deve desenvolver mecanismos que permitam ajustes rápidos e eficazes na estratégia em resposta a mudanças comportamentais.

- **Estruturas de decisão ágeis** – estruturas de decisão ágeis, como equipes multidisciplinares e processos de tomada de decisão descentralizados, permitem que a organização responda rapidamente a mudanças no comportamento dos colaboradores. Essas estruturas facilitam a implementação de ajustes estratégicos de forma rápida e coordenada, minimizando o impacto de atrasos ou ineficiências.

- **Cultura de aprendizado contínuo** – uma cultura de aprendizado contínuo, na qual a experimentação e o *feedback* são valorizados, é fundamental para a adaptação estratégica. Isso envolve criar um ambiente onde os colaboradores se sintam seguros para compartilhar suas percepções e onde a liderança esteja aberta a reavaliar e ajustar a estratégia com base em novas informações e insights comportamentais.

Alinhando a estratégia com o comportamento organizacional

O sucesso da adaptação estratégica depende de um alinhamento claro entre a estratégia organizacional e o comportamento dos colaboradores. Isso exige uma compreensão profunda das dinâmicas comportamentais em jogo e a disposição para ajustar além das metas e os planos, a cultura e os valores da organização.

- **Comunicação eficaz e transparente** – a comunicação eficaz é vital para garantir que todos os níveis da organização compreendam as razões por trás dos ajustes estratégicos. A transparência na comunicação ajuda a construir confiança, reduz a resistência à mudança e garante que os colaboradores estejam alinhados com a nova direção estratégica.

- **Flexibilidade como parte da cultura organizacional** – incorporar a flexibilidade na cultura organizacional garante que a adaptação estratégica seja vista como um processo natural e contínuo, e não como uma resposta reativa a crises. Isso implica em fomentar uma mentalidade de resiliência e inovação, na qual mudanças comportamentais são antecipadas e tratadas como oportunidades para melhorar e ajustar a estratégia.

Conclusão

Em um mundo corporativo em constante mudança, a flexibilidade e a capacidade de adaptação são essenciais para a sobrevivência e o sucesso organizacional. Ajustar a estratégia em resposta a mudanças comportamentais dentro da organização permite que a empresa permaneça alinhada a seus colaboradores, maximizando o engajamento e a eficácia da execução. Ao integrar a flexibilidade como uma competência central, as organizações podem enfrentar incertezas com confiança, garantindo que suas estratégias sejam planejadas, vividas e adaptadas em tempo real.

Capítulo 9

ESTUDOS DE CASO E APLICAÇÕES PRÁTICAS

As palavras convencem, mas os exemplos arrastam.
(Confúcio)

ANÁLISE DE CASOS REAIS: EXEMPLOS DE EMPRESAS QUE INTEGRARAM COM SUCESSO FATORES EMOCIONAIS EM SUA ESTRATÉGIA

No cenário corporativo moderno, o sucesso não é apenas uma questão de boa estratégia; envolve também a integração inteligente de fatores emocionais que impulsionam o engajamento, a inovação e a resiliência. Empresas que reconhecem e incorporam esses aspectos em suas estratégias alcançam resultados superiores, termos de lucro e em satisfação e lealdade dos colaboradores e clientes.

Case 1: Google – a cultura de bem-estar como pilar estratégico

O Google é amplamente reconhecido por sua cultura organizacional voltada para o bem-estar dos colaboradores, o que se reflete diretamente em sua estratégia de negócios. Desde o início, a empresa focou em criar um ambiente de trabalho que valoriza a felicidade e a satisfação emocional de seus funcionários, acreditando que colaboradores felizes são mais criativos, produtivos e engajados.

- **Estratégias de bem-estar integradas à cultura corporativa** – a empresa oferece uma ampla gama de benefícios, incluindo refeições gratuitas, academias no local e espaços de lazer, tudo projetado para atender às necessidades emocionais e físicas dos colaboradores. Além disso, o Google incentiva uma cultura de trabalho flexível, na qual os funcionários têm autonomia para escolher como e onde trabalham, promovendo um equilíbrio saudável entre vida pessoal e profissional.

- **Resultados na inovação e retenção de talentos** – esse foco no bem-estar emocional não só ajudou o Google a atrair e reter alguns dos melhores talentos do mundo, mas também a fomentar um ambiente de inovação constante. Ao priorizar a saúde emocional de seus colaboradores, o Google conseguiu manter um nível excepcional de criatividade e eficiência, mantendo-se na vanguarda da indústria tecnológica.

Case 2: Zappos – a importância da cultura e do alinhamento emocional

A Zappos, uma varejista online de calçados e roupas, construiu seu sucesso com base em uma cultura organizacional que prioriza a felicidade do cliente e do colaborador. A empresa acredita que a satisfação emocional dos funcionários se traduz diretamente em um melhor atendimento ao cliente, o que, por sua vez, alimenta o crescimento e a lealdade à marca.

- **Cultura de felicidade e serviço excepcional** – na Zappos, a cultura corporativa é cuidadosamente cultivada para garantir que todos os colaboradores estejam alinhados emocionalmente aos valores da empresa. Isso inclui um processo de integração que enfatiza a cultura e, até mesmo, oferece um incentivo financeiro para que novos funcionários deixem a empresa se não estiverem completamente comprometidos com seus valores. Essa prática assegura que apenas aqueles que estão verdadeiramente alinhados permaneçam, criando uma equipe altamente engajada e motivada.

- **Impacto nos resultados de negócio** – a Zappos é um exemplo claro de como o alinhamento emocional pode ser uma vantagem competitiva. A empresa não só alcançou um nível excepcional de satisfação do cliente, como também construiu uma marca forte e leal, resultando em um crescimento sustentável e rentável. A venda da Zappos para a Amazon por mais de um bilhão de dólares é um testemunho do valor gerado por essa abordagem estratégica.

Case 3: Southwest Airlines – liderança emocionalmente inteligente

A Southwest Airlines é conhecida por sua abordagem única à liderança e à cultura organizacional, que enfatiza a Inteligência Emocional como um componente central de sua estratégia. A empresa adota uma filosofia de "liderança de serviço," na qual os líderes são incentivados a servir e capacitar seus funcionários, promovendo uma cultura de apoio emocional e colaboração.

- **Estratégias de liderança focadas no bem-estar dos colaboradores** – a Southwest investe significativamente no desenvolvimento emocional e profissional de seus colaboradores, oferecendo programas de treinamento que incluem habilidades de comunicação, gerenciamento de estresse e resolução de conflitos. Além disso, a empresa promove um ambiente de trabalho onde o respeito, a empatia e o suporte mútuo são incentivados, criando uma cultura de confiança e lealdade.
- **Resultados em desempenho e satisfação do cliente** – esse enfoque na liderança emocionalmente inteligente resultou em uma equipe altamente engajada, com baixos índices de rotatividade e alta satisfação no trabalho. A Southwest Airlines é consistentemente classificada como uma das empresas aéreas mais eficientes e mais apreciadas pelos consumidores, demonstrando como uma estratégia que integra fatores emocionais pode gerar resultados superiores.

Case 4: Natura

A Natura, uma das maiores empresas de cosméticos do Brasil, é conhecida por sua forte cultura organizacional centrada em valores como sustentabilidade, bem-estar e desenvolvimento humano. A empresa prioriza a saúde emocional de seus colaboradores e consultores, oferecendo programas de desenvolvimento pessoal e profissional que promovem um ambiente de trabalho positivo e motivador. A Natura também incentiva um modelo de liderança baseado em empatia e comunicação, o que contribui para um ambiente de trabalho harmonioso e inovador.

Case 5: Magazine Luiza

O Magazine Luiza, uma das maiores varejistas do Brasil, é reconhecido por sua cultura corporativa inclusiva e humanizada. A empresa adota práticas que promovem o bem-estar emocional dos colaboradores, como programas de diversidade e inclusão, políticas de trabalho flexíveis e iniciativas de desenvolvimento pessoal. Além disso, o Magazine Luiza investe em comunicação transparente e em uma liderança acessível, o que fortalece o engajamento e a motivação dos colaboradores, resultando em alto desempenho e inovação constante.

Case 6: Grupo Boticário

O Grupo Boticário, uma das maiores redes de franquias de cosméticos e perfumaria do Brasil, também se destaca por integrar fatores emocionais em sua estratégia. A empresa valoriza o desenvolvimento humano e oferece uma série de programas voltados para o bem-estar emocional e a capacitação de seus colaboradores. Além disso, o Grupo Boticário incentiva uma cultura de respeito, diversidade e colaboração, o que cria um ambiente de trabalho positivo e alinhado com seus objetivos estratégicos.

Case 7: Ambev

A Ambev, uma das maiores fabricantes de bebidas do Brasil, tem investido fortemente na promoção de um ambiente de trabalho que valorize o bem-estar e a saúde emocional dos seus colaboradores. A empresa implementou programas de apoio à saúde mental, iniciativas de desenvolvimento de liderança e ações de diversidade e inclusão. A Ambev acredita que colaboradores emocionalmente saudáveis e engajados são fundamentais para a inovação e o crescimento sustentável da empresa.

Case 8: Grupo SOMOS Educação

O Grupo SOMOS Educação, uma das maiores empresas de educação do Brasil, investe em uma cultura organizacional que valoriza o desenvolvimento emocional e a satisfação dos colaboradores. A empresa oferece programas de desenvolvimento contínuo, incentiva a participação dos colaboradores em decisões estratégicas e promove um ambiente de trabalho inclusivo e colaborativo. Essa abordagem tem contribuído para o crescimento da empresa e para a construção de uma equipe altamente engajada e comprometida com a missão educacional.

Conclusão

Esses casos demonstram que a integração de fatores emocionais na estratégia não é apenas um diferencial, é uma necessidade em um mercado cada vez mais competitivo. Empresas que conseguem alinhar suas estratégias às necessidades emocionais de seus colaboradores e clientes não apenas criam ambientes de trabalho mais saudáveis, e também constroem marcas mais fortes e resilientes. A flexibilidade, a Inteligência Emocional e o foco no bem-estar são componentes essenciais para o sucesso organizacional no longo prazo.

FERRAMENTAS PRÁTICAS: RECURSOS E TÉCNICAS PARA INCORPORAR FATORES COMPORTAMENTAIS E EMOCIONAIS NO PLANEJAMENTO ESTRATÉGICO

No ambiente corporativo atual, onde as mudanças são constantes e os desafios complexos, integrar fatores comportamentais e emocionais no Planejamento Estratégico não é apenas desejável, mas essencial para o sucesso organizacional. Isso requer a aplicação de ferramentas práticas que permitem uma compreensão mais profunda das dinâmicas humanas e ajudam a alinhar as estratégias às necessidades emocionais dos colaboradores. A seguir, destacamos algumas das principais técnicas e recursos que podem ser utilizados para essa integração.

Análise SWOT Comportamental

A tradicional Análise SWOT (Strengths, Weaknesses, Opportunities, Threats) pode ser adaptada para incluir fatores comportamentais e emocionais, criando uma "SWOT Comportamental". Essa ferramenta permite que a organização identifique as forças e fraquezas internas relacionadas ao comportamento e à cultura organizacional, bem como as oportunidades e ameaças externas que podem impactar o bem-estar emocional dos colaboradores.

- **Mapeamento de forças e fraquezas comportamentais** – nessa adaptação, as forças comportamentais podem incluir uma cultura de colaboração e alta Inteligência Emocional, enquanto as fraquezas podem ser identificadas como resistência à mudança ou à falta de engajamento. O mapeamento dessas características permite que a estratégia seja ajustada para capitalizar as forças e mitigar as fraquezas.
- **Identificação de oportunidades e ameaças emocionais** – as oportunidades podem envolver a adoção de novas práticas de bem-estar que melhorem a satisfação no trabalho, enquanto

as ameaças podem incluir mudanças externas que impactem negativamente o moral da equipe. Compreender esses fatores comportamentais e emocionais é vital para criar uma estratégia robusta e resiliente.

Mapas de Empatia

Os Mapas de Empatia são ferramentas que ajudam a compreender profundamente as perspectivas emocionais dos colaboradores e *stakeholders*. Originários do *design thinking*, esses mapas são usados para visualizar o que as pessoas sentem, pensam, dizem e fazem em relação a diferentes aspectos do ambiente de trabalho ou mudanças estratégicas.

- **Construção do Mapa de Empatia** – ao construir um Mapa de Empatia, a liderança pode identificar as necessidades emocionais dos colaboradores, suas preocupações e aspirações. Isso permite que a estratégia seja ajustada para atender melhor a essas necessidades, aumentando o engajamento e a satisfação.
- **Aplicação no planejamento estratégico** – o uso de Mapas de Empatia durante o planejamento estratégico ajuda a garantir que as decisões não sejam apenas racionais, sejam também emocionalmente inteligentes. Isso é especialmente útil em momentos de mudança, onde o suporte emocional pode ser crucial para a aceitação e sucesso da estratégia.

Ferramentas de avaliação comportamental (Ex.: DISC)

Ferramentas de avaliação comportamental, como a metodologia DISC (Dominância, Influência, Estabilidade e Conformidade), são cruciais para entender as características comportamentais dos colaboradores e como esses perfis influenciam a execução da estratégia.

- **Identificação de perfis e alinhamento estratégico** – o uso da ferramenta DISC permite mapear os diferentes perfis comportamentais dentro da organização e identificar como cada um pode contribuir para o sucesso da estratégia. Por exemplo, colaboradores com perfil de Dominância podem ser eficazes em liderar projetos desafiadores, enquanto aqueles com perfil de Estabilidade podem ser essenciais para garantir a continuidade e resiliência em tempos de mudança.

- **Adaptação da comunicação e liderança** – compreender os perfis comportamentais permite que a liderança ajuste sua comunicação e abordagem de gestão para se alinhar melhor às necessidades emocionais de cada grupo. Isso aumenta a eficácia da execução estratégica e garante que todos os colaboradores estejam engajados e motivados.

Análise de Clima Organizacional

A Análise de Clima Organizacional é uma ferramenta prática para medir o estado emocional e a percepção dos colaboradores em relação ao ambiente de trabalho. Realizar pesquisas de clima regularmente permite que a organização obtenha *insights* valiosos sobre o bem-estar emocional da equipe.

- **Monitoramento contínuo do clima emocional** – utilizando pesquisas e *feedbacks* constantes, a organização pode identificar áreas de preocupação emocional e ajustar a estratégia para abordá-las. Isso é particularmente importante em momentos de transição ou implementação de mudanças significativas.
- **Integração com o Plano Estratégico** – os resultados da Análise de Clima Organizacional devem ser integrados ao planejamento estratégico para garantir que a estratégia esteja alinhada ao estado emocional dos colaboradores. Isso pode incluir a introdução de novas iniciativas de bem-estar ou ajustes na comunicação interna para aumentar o engajamento.

Programas de desenvolvimento de liderança emocional

O desenvolvimento de líderes emocionalmente inteligentes é uma técnica essencial para integrar fatores emocionais na estratégia organizacional. Programas de treinamento focados em Inteligência Emocional capacitam líderes a entender e gerenciar suas próprias emoções e as de suas equipes.

- **Treinamento em Inteligência Emocional** – líderes treinados em Inteligência Emocional estão melhor preparados para lidar com situações de alta pressão e tomar decisões que considerem tanto os aspectos racionais quanto emocionais. Isso se reflete em uma execução estratégica mais equilibrada e sustentável.

- **Criação de uma cultura de apoio emocional** – líderes emocionalmente inteligentes também ajudam a criar uma cultura organizacional que valoriza e apoia o bem-estar emocional dos colaboradores. Essa cultura é fundamental para manter o alinhamento estratégico e garantir que os objetivos organizacionais sejam alcançados de maneira saudável e eficaz.

Conclusão

Incorporar fatores comportamentais e emocionais no Planejamento Estratégico é um processo que exige ferramentas e técnicas específicas. A Análise **SWOT Comportamental**, os Mapas de Empatia, a metodologia DISC, a Análise de Clima Organizacional e os Programas de Desenvolvimento de Liderança Emocional são apenas algumas das ferramentas práticas que podem ser utilizadas para garantir que a estratégia da organização esteja, além de bem fundamentada, alinhada às necessidades emocionais dos colaboradores. Ao adotar essas práticas, as organizações podem criar um ambiente de trabalho mais engajado, inovador e resiliente, capaz de enfrentar os desafios do mercado com confiança e sucesso.

Capítulo 10

CONCLUSÃO E REFLEXÃO

RECAPITULAÇÃO DOS PRINCIPAIS CONCEITOS: REVISÃO DOS POSTOS-CHAVE DISCUTIDOS AO LONGO DO LIVRO

Este livro mostrou que o sucesso estratégico depende de uma abordagem holística que considera tanto os fatores racionais quanto os emocionais e comportamentais. Integrar essas dimensões no Planejamento Estratégico cria uma base mais sólida para a construção de organizações resilientes,

Ao longo deste livro, exploramos uma vasta gama de conceitos que demonstram a importância de integrar fatores comportamentais e emocionais no Planejamento Estratégico. Este capítulo final é dedicado a revisitar esses conceitos, reforçando a compreensão e a aplicação prática das ideias discutidas. A seguir, recapitulamos os principais pontos abordados, que são essenciais para a construção de uma estratégia organizacional sólida e emocionalmente inteligente.

A definição e importância do Plano Estratégico

Iniciamos nossa jornada definindo o que é um Plano Estratégico e destacando sua importância no contexto organizacional. Entendemos que o Plano Estratégico é um guia para alcançar os objetivos da empresa e um reflexo da cultura e dos valores da organização. A integração de fatores emocionais e comportamentais nesse processo garante que a estratégia seja eficaz, sustentável e alinhada às necessidades humanas da organização.

O papel dos fatores comportamentais e emocionais

Exploramos como fatores comportamentais e emocionais influenciam diretamente a execução e o sucesso de um Plano Estratégico. A capacidade de compreender e gerenciar esses fatores é fundamental para a criação de um ambiente de trabalho harmonioso e produtivo. Abordamos como as emoções, crenças e comportamentos podem impactar desde a formulação da estratégia até sua implementação e acompanhamento.

Formação do *mindset* organizacional

Discutimos como o *mindset*, moldado por crenças limitantes, vieses cognitivos e cultura organizacional, forma as percepções e atitudes que influenciam os resultados nas organizações. Compreender o ciclo de formação do *mindset* é essencial para identificar áreas de melhoria e promover uma cultura organizacional que apoie a estratégia desejada.

Comportamento organizacional e cultura

Destacamos a importância de compreender as dinâmicas comportamentais dentro das empresas, enfatizando como a cultura organizacional afeta a estratégia e a necessidade de alinhamento aos objetivos estratégicos. Uma cultura bem estruturada pode servir como uma base sólida para a implementação eficaz da estratégia, enquanto uma cultura desalinhada pode criar barreiras significativas.

Perfis comportamentais e o modelo DISC

O modelo DISC foi explorado como uma ferramenta poderosa para entender os diferentes perfis comportamentais dentro da organização. Cada perfil – Dominância, Influência, Estabilidade e Conformidade – traz diferentes forças e desafios para o planejamento estratégico. A compreensão desses perfis permite uma alocação mais eficaz de recursos humanos e facilita a criação de estratégias que considerem as particularidades comportamentais de cada grupo.

Viés cognitivo e tomada de decisão

Examinamos como os vieses cognitivos podem distorcer o processo de tomada de decisão, muitas vezes levando a escolhas subconscientes, baseadas em gatilhos emocionais. A conscientização e mitigação desses vieses são cruciais para tomar decisões mais racionais e alinhadas com os objetivos estratégicos.

Inteligência Emocional e liderança

A Inteligência Emocional foi apresentada como um componente essencial no Planejamento Estratégico, especialmente no contexto de liderança. Líderes emocionalmente inteligentes são capazes de gerir suas próprias emoções e as de suas equipes, facilitando a implementação eficaz de estratégias e promovendo um ambiente de trabalho positivo e engajado.

Motivação e engajamento

Abordamos teorias de motivação e como elas podem ser aplicadas para mobilizar a equipe em torno de um Plano Estratégico. Além disso, discutimos estratégias para aumentar o engajamento emocional dos colaboradores, garantindo que estejam comprometidos com a execução da estratégia e motivados para alcançar os objetivos organizacionais.

Tomada de decisão e comunicação

Exploramos diferentes aspectos da tomada de decisão, incluindo o equilíbrio entre intuição e racionalidade, a gestão de crises e a importância da comunicação clara e emocionalmente consciente na disseminação da estratégia. Uma comunicação eficaz é essencial para alinhar todos os níveis da organização à estratégia e garantir uma execução coesa.

Resiliência organizacional e flexibilidade

Por fim, discutimos a importância da resiliência organizacional e da flexibilidade no ajuste da estratégia em resposta às mudanças comportamentais e emocionais dentro da organização. Preparar a organização emocionalmente para enfrentar mudanças estratégicas é vital para a sua sobrevivência e sucesso a longo prazo.

FUTURO DO PLANEJAMENTO ESTRATÉGICO: TENDÊNCIAS EMERGENTES E A CRESCENTE IMPORTÂNCIA DOS FATORES COMPORTAMENTAIS E EMOCIONAIS

À medida que o ambiente corporativo continua a evoluir em um ritmo acelerado, o Planejamento Estratégico precisa se adaptar às novas realidades e desafios que emergem no cenário global. No futuro, a incorporação de fatores comportamentais e emocionais no Planejamento Estratégico não será apenas um diferencial competitivo, mas, sim, uma exigência fundamental para a sobrevivência e crescimento das organizações. A seguir, exploramos as tendências emergentes que estão moldando o futuro e a crescente importância de integrar a dimensão humana nesse processo de planejamento.

A ascensão da Inteligência Emocional como pilar estratégico

A Inteligência Emocional, anteriormente vista como um complemento às habilidades técnicas, está se tornando um pilar central no Planejamento Estratégico. Organizações que priorizam o desenvolvimento da Inteligência Emocional entre seus líderes e colaboradores conseguem criar ambientes de trabalho mais resilientes e inovadores. Essa tendência reflete uma mudança de foco: de estratégias puramente racionais para abordagens que também consideram o bem-estar emocional e a capacidade de adaptação das pessoas.

- **Estratégias baseadas em empatia** – no futuro, as estratégias bem-sucedidas serão aquelas que conseguem alinhar os objetivos organizacionais com as necessidades e emoções dos colaboradores. Isso significa que as organizações precisarão desenvolver planos que não apenas maximizem a eficiência, mas que também promovam um ambiente de trabalho saudável e sustentável.

O Papel da Cultura Organizacional na Inovação

Com a globalização e a diversidade cada vez mais presentes nas organizações, a Cultura Organizacional está ganhando uma nova relevância. Empresas que investem em uma cultura forte, inclusiva e que valoriza a diversidade comportamental e emocional tendem a ser mais inovadoras e ágeis. No futuro, a capacidade de uma organização em cultivar uma cultura que suporte a inovação e a adaptabilidade será um dos principais diferenciadores competitivos.

- **Alinhamento Cultural com Estratégias de Crescimento** – As organizações precisarão garantir que suas culturas internas estejam alinhadas com suas estratégias de crescimento. Isso exige um esforço consciente para integrar valores culturais nos processos de Planejamento Estratégico, criando um ciclo de *feedback* que fortalece tanto a cultura quanto a estratégia.

Personalização da Estratégia através de Perfis Comportamentais

Com o avanço das tecnologias de análise de dados e a popularização de ferramentas de avaliação comportamental, como a metodologia DISC, o futuro do Planejamento Estratégico será marcado por uma personalização cada vez maior. Isso significa que as estratégias serão adaptadas às necessidades do mercado e aos perfis comportamentais dos colaboradores e líderes.

- **Planos Estratégicos Personalizados** – No futuro, as organizações serão capazes de criar planos estratégicos que levem em conta as características comportamentais de suas equipes, permitindo uma execução mais alinhada e eficaz. Essa personalização aumentará a motivação e o engajamento, além de reduzir a resistência à mudança.

Tomada de Decisão Sob Incerteza e Complexidade

À medida que o ambiente de negócios se torna mais incerto e complexo, a capacidade de tomar decisões sob pressão e incerteza será crucial. As organizações precisarão desenvolver estratégias que não apenas levem em conta as variáveis econômicas e tecnológicas, mas aos fatores comportamentais e emocionais que influenciam a tomada de decisão.

- **Preparação para cenários inesperados**

  O Planejamento Estratégico do futuro incluirá cenários que considerem eventos econômicos ou políticos e como os colaboradores reagirão emocionalmente a esses eventos. Preparar a organização para responder de forma resiliente a crises inesperadas será um aspecto central da estratégia.

A importância da resiliência organizacional

No futuro, a resiliência organizacional se tornará um componente crítico do Planejamento Estratégico. À medida que as organizações enfrentam mudanças cada vez mais rápidas e imprevisíveis, a capacidade de se adaptar e se recuperar rapidamente será essencial. Isso requer uma abordagem estratégica que não apenas se concentre em resultados de curto prazo, mas que também fortaleça a organização a longo prazo, tanto em termos de estrutura quanto de cultura.

- **Estratégias de resiliência** – as organizações precisarão desenvolver estratégias que promovam a resiliência em todos os níveis, desde a liderança até os colaboradores de base. Isso inclui a implementação de programas de bem-estar emocional, treinamentos em gestão de crises e a criação de uma cultura que valorize a flexibilidade e a adaptabilidade.

Integração de tecnologia e comportamento

A tecnologia continuará a desempenhar um papel cada vez mais significativa no Planejamento Estratégico como uma ferramenta operacional e como um meio de entender e influenciar comportamentos. O uso de Inteligência Artificial, Big Data e outras tecnologias avançadas permitirá que as organizações capturem *insights* sobre o comportamento dos colaboradores em tempo real, ajustando as estratégias de forma dinâmica.

- **Ferramentas de análise comportamental em tempo real**

O futuro verá o uso ampliado de ferramentas que monitoram o estado emocional dos colaboradores, permitindo ajustes estratégicos quase instantâneos. Essa integração de tecnologia e comportamento proporcionará uma vantagem competitiva significativa, ao alinhar continuamente a estratégia às necessidades e aos sentimentos dos colaboradores.

Conclusão

O futuro do Planejamento Estratégico é humano

À medida que avançamos para o futuro, fica claro que o Planejamento Estratégico precisa evoluir para incorporar uma compreensão mais profunda dos fatores comportamentais e emocionais. Essas dimensões não são aspectos secundários, mas, sim, centrais para a criação de estratégias eficazes e sustentáveis.

As organizações que reconhecem e agem sobre essa realidade estarão mais bem posicionadas para enfrentar os desafios futuros e capitalizar as oportunidades em um mundo em constante mudança. O futuro do Planejamento Estratégico é, em última análise, um futuro em que o humano é colocado no centro das decisões e onde a estratégia é vista não apenas como um caminho para o sucesso, mas como uma jornada que envolve, inspira e transforma.

Capítulo 11

CICLO DO PLANEJAMENTO 2E – ESTRATÉGICO E EMOCIONAL

Siga as 10 etapas a seguir e construa um verdadeiro **Planejamento 2e – Estratégico e Emocional**.

1
- ENCONTRAR O PROPÓSITO – O PORQUÊ
- P.U.V. E P.M.T. DEFININDO O NEGÓCIO – UM NOVO ENFOQUE

2
- IDENTIFICANDO O ESTADO ATUAL FRENTE AO OBJETIVO ESTRATÉGICO
- DIAGNÓSTICO – FATORES ESTRATÉGICOS CRÍTICOS DE SUCESSO (FECS)

3
- MISSÃO, VISÃO E VALORES
- CRIANDO CONGRUÊNCIA

4
- OBJETIVOS ESTRATÉGICOS – ANÁLISE DO IMPACTO ESTRATÉGICO

5
- ESCOLHA DOS OBJETIVOS E RESULTADOS CHAVE – OKR
- ANALISE DE DISPERSÃO DO FOCO – GANHOS E PERDAS PARA IDENTIFICAR OPORTUNIDADE

6
- METAS – FORMULAÇÃO E VALORAÇÃO – CRIE PARE e SMART
- CRIE PARE (contexto, recurso, indivíduo responsável, ecológico, positivo)
- SMART (específica, mensurável, alcançável, relevante e tempestiva)

7
- FECS – SABOTADORES DA MUDANÇA
- QUANDO... ENTÃO...

8
- PLANO DE AÇÃO 5W2H2e – ESTRATÉGICO E EMOCIONAL

9
- PLANEJANDO A EXECUÇÃO DO RESULTADO
- CRIAÇÃO DE INDICADORES DE DESEMPENHO/GESTÃO À VISTA

10
- EXECUÇÃO – MAPA ESTRATÉGICO
- AGENDA FUNCIONAL

Etapa 1

- **ENCONTRAR O PROPÓSITO – O PORQUÊ**
- **P.U.V. e P.M.T. DEFININDO O NEGÓCIO - UM NOVO ENFOQUE**

As pessoas não decidem comprar O QUE sua empresa faz, nem COMO ela faz, elas decidem comprar o PORQUÊ ela faz. É o Círculo Dourado de Simon Sinek.

O propósito de uma empresa é a razão pela qual ela existe além do lucro. É o que a organização aspira alcançar no longo prazo e reflete a contribuição que ela deseja fazer para a sociedade ou o mundo.

Qual é a principal dor da "Persona" – ou seja, dos clientes da sua empresa, dos seus negócios e que reveste a decisão dele de estar com você no atendimento das suas demandas?

Primeiro se concentre nisso e depois é trabalhar com seu Propósito construindo o P.M.T. e o P.U.V.

P.M.T. é o PROPÓSITO MASSIVO TRANSFORMADOR e deve responder à Razão de ser de uma organização com aquilo que o mundo precisa, ampliando o valor percebido pelas pessoas, construindo melhores experiências de serviço para os clientes e proporcionando retorno para a organização.

P.U.V. é a PROPOSTA ÚNICA DE VALOR e estabelece o diferencial competitivo de uma empresa perante a concorrência. Ela é composta pelo valor entregue ao cliente, a partir dos produtos e serviços. O objetivo é satisfazer necessidades e desejos do consumidor, resolvendo os problemas que ele apresenta, e ser a sua primeira opção na hora da compra.

Etapa 2

- **IDENTIFICANDO O ESTADO ATUAL FRENTE AO OBJETIVO ESTRATÉGICO**
- **DIAGNÓSTICO – FATORES ESTRATÉGICOS CRÍTICOS DE SUCESSO (FECS)**

A importância dessa metodologia é compreender exatamente qual são os FATORES ESTRATÉGICOS CRÍTICOS DE SUCESSO e, com a utilização de uma ferramenta desenvolvida especificamente para essa busca, diagnosticar, com o mínimo de desvio, a dispersão do foco estratégico.

Você será apresentado à metodologia que identifica os reais Fatores Estratégicos que devem compor o seu Planejamento.

Um bom Plano Estratégico deve performar resultados que possibilitem um posicionamento estratégico diferenciado. Chamamos esses resultados de Resultados de Qualidade Prolífica (RQP).

Afinal, alta performance pressupõe foco e conhecer como a empresa está frente aos seus desafios estratégicos impostos, pelo mercado, clientes e concorrentes, além de pontos fortes e fracos de forma gráfica, visual e muito abrangente.

As variáveis a serem aplicadas podem ser customizadas pelas experiências do PLANEJADOR.

Etapa 3

- **MISSÃO, VISÃO E VALORES**
- **CRIANDO CONGRUÊNCIA**

É importante lembrar que a construção da MISSÃO é a declaração do que a empresa faz, para quem faz e como faz. Ela descreve os objetivos imediatos da empresa e como ela pretende alcançar seu propósito. Então, se começamos pelo porquê, devemos contar isso para o público-alvo construindo uma missão bem coerente.

Concomitantemente, a construção da visão deve estabelecer não só um desejo desafiador, deve ser específica, mensurável, alcançável, ecológica e temporal. A VISÃO tem de ser S.M.A.R.T.

Entretanto, é fundamental lembrar que valores são propulsores e guardiões do propósito, são tudo aquilo que damos importância. São aquilo que nos faz levantar de manhã e ir na direção certa para fazermos o que deve ser feito. Mantêm-nos focados, ajudam a governança corporativa e a construção de um compliance sólido e perene.

Avaliar a congruência entre missão, visão e valores é perpetuar o foco empresarial, de forma consistente e servirá para orientar todo o compliance requerido.

Etapa 4

- **OBJETIVOS ESTRATÉGICOS – ANÁLISE DO IMPACTO ESTRATÉGICO**

Identificar o que realmente importa e evitar o gasto de energia para coisas improváveis ou menos importantes estrategicamente.

Quando não se sabe aonde se quer ir, qualquer caminho serve. Fazer as coisas que realmente importam e que irão oferecer impactos mais prolíficos.

Então, a proposta aqui é definir objetivos estratégicos partindo dos fatores estratégicos críticos de sucesso.

O que fazer com cada objetivo. Definir prioridades estratégicas como objetivo precípuo do resultado.

Etapa 5

- **ESCOLHA DOS OBJETIVOS E RESULTADOS CHAVE – OKR**
- **ANÁLISE DE DISPERSÃO DO FOCO – GANHOS E PERDAS PARA IDENTIFICAR OPORTUNIDADES**

Na física, aprendemos que forças de mesma direção e sentido, produzem uma resultante representada pela soma de todas as forças. Não existe nenhuma resultante de forças maior que está.

OBJETIVOS são descrições qualitativas memoráveis do que deseja alcançar. Os objetivos devem ser curtos, inspiradores e envolventes. Um objetivo deve motivar e desafiar a equipe.

KEY RESULTS são um conjunto de métricas que medem o seu progresso em direção ao objetivo. Para cada objetivo, você deve ter um conjunto de 2 a 5 resultados principais. Mais do que isso e ninguém se lembrará deles. Todos os *key results* devem ser quantitativos e mensuráveis.

A metodologia de OKR – *Objectives and Key Results* é de domínio público e de fácil compreensão e aplicabilidade.

A validação dar-se-á com o uso da ferramenta para identificação de dispersão de foco, GANHOS E PERDAS para identificar se há risco em concentrar energia produtiva em objetivos menores.

Etapa 6

- **METAS – FORMULAÇÃO E VALORAÇÃO – CRIE PARE e SMART**
- **CRIE PARE – contexto, recurso, individuo responsável, ecológico, positivo, adaptada ao ambiente, relevante e eticamente aplicável**
- **SMART – específica, mensurável, alcançável, relevante e tempestiva**

Metas são o foco do gerenciamento. A principal ferramenta de gestão empresarial.

Um conjunto de metas define um objetivo estratégico e um conjunto de objetivos estratégicos define a visão da empresa. Assim, dividimos as metas da organização em três estágios:

<u>Metas da organização</u> relativo à satisfação dos sócios e stakeholders. Um bom exemplo é criar uma meta vinculada ao resultado operacional. Por exemplo: EBTIDA.

<u>Metas dos processos</u>: relativo à melhoria das características das entregas na organização. Por exemplo: PRAZO DE ENTREGA DE PRODUTOS E SERVIÇOS ADQUIRIDOS PELO CLIENTE.

<u>Metas da operação</u>: abrangendo as características do valor agregado ao longo do processo, como a ECONOMIA DA CONSTRUÇÃO DO CAMINHO INTERNO A PRODUTIVIDADE.

Metas emocionais e comportamentais: desenvolver metas eficazes para avaliar o sucesso emocional e comportamental com uma abordagem estruturada, que considere tanto os RESULTADOS QUANTITATIVOS QUANTO QUALITATIVOS.

Mas as metas devem ser desdobradas de acordo com a estrutura da organização.

Etapa 7

- **IDENTIFICANDO OS SABOTADORES DA MUDANÇA**
- **QUANDO... ENTÃO...**

A Inteligência Emocional, desenvolvida em sua variante inteligência positiva, indica-nos que todos nós temos sabotadores críticos e esses sabotadores influenciam decisivamente as nossas escolhas.

Se tivermos várias metas e não tivermos foco, poderemos criar o famoso "cabo de guerra". Todos fazendo força, dedicando, trabalhando muito. Construindo um cabo de guerra onde cada um puxa para um lado e a resultante final é nula ou quase.

Sabotadores importam. Se você pensa que pode ou se pensa que não pode, em ambos os casos estará correto.

O que nos impede de mudar – fazer diferente e com RQP?

Evitar postergar a realização de eventos prolíficos e definir comportamentos que eliminem hábitos construídos a partir dos sabotadores. Identificar e substituir os sabotadores críticos pelos sábios.

O melhor exercício é estabelecer os comportamentos que ressignificam as atitudes. Relacione, quando... Então... Isso quer dizer, quando você tem um comportamento sabotador, então você irá reprogramar nova atitude mental. Isso se chama plasticidade neuronal.

Etapa 8

- **PLANO DE AÇÃO 5W2H2e – ESTRATÉGICO E EMOCIONAL**

Não se planeja estrategicamente para fazer a mesma coisa. Querer mais, para ter resultados melhores é a tônica de um bom Plano Estratégico.

E somente após a identificação dos sabotadores da mudança, de forma individual, seremos capazes de construir Planos 5W2H2e – Estratégicos e emocionais, onde teremos as sete respostas 5W2H complementadas pelo 2e: "EVIDÊNCIAS LIMITANTES" que obstruem o cumprimento da meta e "**EVIDÊNCIAS FORTALECEDORAS**" que as impulsiona, identificando CRENÇAS a serem ressignificadas e/ou valorizadas para alavancar o resultado desejado.

Então, faça um Plano **5W2H2e**. Estratégico e Emocional.

É recomendável que se foque nas crenças coletivas. Identificá-las de forma objetiva irá reformular a cultura da organização. Como dizia Peter Drucker: *"A cultura consome a estratégia no café da manhã"*.

Etapa 9

- **PLANEJANDO A EXECUÇÃO DO RESULTADO**
- **CRIAÇÃO DE INDICADORES DE DESEMPENHO. GESTÃO A VISTA**

A criação de indicadores de *"per si"* não garante a execução de um Plano Estratégico. É necessário muito mais.

Afinal, um "PLANO ESTRATÉGICO SEM EXECUÇÃO É UM SIMPLES CADERNO DE INTENÇÕES".

Deve haver clareza na delegação e clareza na cobrança do resultado. Meritocracia aflorada no espírito de equipe e habilidades para orientar a equipe são fundamentais ao líder de alta performance.

Planejar o dia a dia pós planejamento na busca do resultado – manter viva a chama da execução e do resultado. Ligar o circuito dopaminérgico diretamente ao resultado estratégico desejado.

Algumas empresas agem como se a execução fosse uma tarefa operacional, mas não é. A execução é um capítulo do Plano Estratégico que requer a mesma atenção dada à identificação dos diferenciais estratégicos que nortearam nosso Plano. Tem poder quem age.

Etapa 10

- **MAPA ESTRATÉGICO**
- **AGENDA FUNCIONAL ESTRATÉGICA E EXTRAORDINÁRIA**

A elaboração do Mapa Estratégico, juntamente à Agenda Funcional Estratégica possibilita o acompanhamento visível das responsabilidades coletivas quando da execução do Plano e suas reformulações, pois um Plano Estratégico de alta performance prevê a reformulação temporal para correção do curso na direção do foco.

A criação de times que estarão suportados por técnicas de Team Coaching (a exemplo do *Ouselves Coaching*, do Prof. Henry Mitizberg)

Pequenos desvios de direção do foco podem nos distanciar significativamente do atingimento dos objetivos estratégicos. A diferença entre o sucesso planejado e a incerteza do resultado.

Não há Plano Estratégico que dará certo. Existe, sim, o Plano Estratégico que deu certo – fruto de disciplina – ingrediente fundamental à execução.

"Tem poder quem age: certo, no momento certo e na intensidade certa."

REFERÊNCIAS

Safári de Estratégia – Mintzberg, Henry | Lampel, Joseph | Ahlstrand, Bruce

Inteligência Emocional – Goleman, Daniel

O segredo judaico de resolução de Problemas – Bonder, Nilton

Inteligência Social – Goleman, Daniel

Poder e Alta Performance – Burchard, Brendon

A Biologia da Crença – Lipton, Bruce

Rápido e Devagar – Kahneman, Daniel

Hábitos Atômicos – Clear, James

Emoção, Conflito e Poder nas Organizações – Oliveira, Milton

Pare de se sabotar e dê a volta por cima – Flippen, Flip

Comece pelo Porquê – Sinek, Simon

O Poder da Ação – Vieira, Paulo

Inteligência Positiva – Chamine, Shirzard

Relatório The Future of Jobs 2024 – Fórum Econômico Mundial

ANEXOS – FEC – FERRAMENTAS DE EVOLUÇÃO COMPORTAMENTAL

ANEXO 1 – FEC – FERRAMENTA DE EVOLUÇÃO COMPORTAMENTAL – SABOTADORES DA MUDANÇA
INSTRUÇÕES PARA PREENCHIMENTO

Esta ferramenta está baseada em um exercício do treinamento "Autoconhecimento e Transformação" do Instituto Neurovox e seu objetivo principal é encontrar as armadilhas da mente que fazem disparar os gatilhos do sistema Rápido e que te impedem de discernir com mais clareza os caminhos estratégicos a serem escolhidos, na elaboração do seu Plano Estratégico.

Vale lembrar que carregamos conosco nossa melhor e nossa pior versão.

Recomendamos que para o preenchimento solicitado, você reflita com autorresponsabilidade, coragem, determinação e verdade representando realmente o seu sentimento e percepção, entendendo que uma indicação que não reflita seu real sentimento poderá causar um viés no resultado, levando assim, a um caminho indesejado na busca de encontrar sua melhor versão.

No questionário de apoio, indique na escala de um a dez a sua percepção quanto ao questionamento apresentado, considerando na escala o valor 1 como "Não Concordo **totalmente**" – **insatisfatório** e 10 "concordo **totalmente**" – **satisfatório.** Depois, calcule a média simples, obtida entre os elementos questionados por pilar.

Após todos os lançamentos, acesse o quadro da ferramenta gráfica, indicando à frente do pilar, o valor apontado pela média obtida em cada pilar.

O gráfico resultante indica a sua dispersão quanto aos gatilhos emocionais que te impedem de tomar uma boa decisão, permitindo identificar comportamentos e hábitos a serem aprimorados, desenvolvidos ou mesmo eliminados para o encontro com a melhor decisão estratégica, construindo sua melhor versão, fator indispensável ao desempenho em **Alta Performance.**

Bom Trabalho!

FEC – FERRAMENTA DE EVOLUÇÃO COMPORTAMENTAL
SABOTADORES DA MUDANÇA

Leve com coragem e determinação o seu sentimento e entendimento quanto as questões formuladas, indicando o quanto você concorda ou discorda com as afirmativas apresentadas. Depois calcule a média obtida em cada quesito, dividindo a soma das notas pelo número de perguntas formuladas naquele quesito e lance-a no quadro em branco . Este é um exercício sobre o seu autoconhecimento e a identificação da sua resistência por mudanças. Descubra seus sabotadores e ressignifique o que julgar fundamental para contribuir na elaboração de um Plano Estratégico 2e – Estratégico e Emocional	MÉDIA

MINHA VONTADE DE MUDAR	Realmente, tenho uma disposição clara para promover mudanças benéficas em minha vida.	
	DISCORDO PLENAMENTE 1 2 3 4 5 6 7 8 9 10 CONCORDO PLENAMENTE	
	Tenho metas claras e desafiadoras e sei aonde quero chegar.	
	DISCORDO PLENAMENTE 1 2 3 4 5 6 7 8 9 10 CONCORDO PLENAMENTE	
	Estou realmente disposto(a) a enfrentar os desafios e sacrifícios que uma mudança poderá me impor..	
	DISCORDO PLENAMENTE 1 2 3 4 5 6 7 8 9 10 CONCORDO PLENAMENTE	
	Tenho demonstrado minha vontade de mudar na prática e planejado as ações específicas no decorrer do dia a dia, com toda disciplina necessária.	
	DISCORDO PLENAMENTE 1 2 3 4 5 6 7 8 9 10 CONCORDO PLENAMENTE	
	Minha vontade de mudar tem sido demonstrada, na prática, em atitudes e ações.	
	DISCORDO PLENAMENTE 1 2 3 4 5 6 7 8 9 10 CONCORDO PLENAMENTE	

A META É GRANDE DEMAIS DETALHES DO CAMINHO	Consigo avaliar minhas metas quanto a sua proposta e sei que elas são SMART. Específicas, Mensuráveis, Atribuíveis, Realistas e Tempestivas.												
	DISCORDO PLENAMENTE	1	2	3	4	5	6	7	8	9	10	CONCORDO PLENAMENTE	
	Minhas metas são desafiadoras e a relação espaço x tempo me manterá feliz enquanto as realizo.												
	DISCORDO PLENAMENTE	1	2	3	4	5	6	7	8	9	10	CONCORDO PLENAMENTE	
	Eu sei claramente o que o desafio, para alcançar minhas metas, irá exigir de mim, passo a passo, até alcançá-las .												
	DISCORDO PLENAMENTE	1	2	3	4	5	6	7	8	9	10	CONCORDO PLENAMENTE	
	Minhas metas são ecológicas e não irão gerar estresses e ansiedades excessivas até eu alcançá-las.												
	DISCORDO PLENAMENTE	1	2	3	4	5	6	7	8	9	10	CONCORDO PLENAMENTE	
MAUS HÁBITOS GERANDO ANSIEDADE	Tenho atitudes e hábitos saudáveis e que me possibilitam evoluir satisfatoriamente na direção produtiva para alcançar minha meta, nada mais sendo importante aprimorar.												
	DISCORDO PLENAMENTE	1	2	3	4	5	6	7	8	9	10	CONCORDO PLENAMENTE	
	Sinto facilidade para mudar os comportamentos que me impedem de ir em direção a minha meta.												
	DISCORDO PLENAMENTE	1	2	3	4	5	6	7	8	9	10	CONCORDO PLENAMENTE	
	Não percebo nenhum gatilhos emocional (vieses cognitivos) me segurando na direção da minha meta.												
	DISCORDO PLENAMENTE	1	2	3	4	5	6	7	8	9	10	CONCORDO PLENAMENTE	
	Estou consciente de que os meus maus hábitos representam dificuldades a serem vencidas para facilitar o atingimento de minha meta e sei o que tenho de mudar a curto prazo.												
	DISCORDO PLENAMENTE	1	2	3	4	5	6	7	8	9	10	CONCORDO PLENAMENTE	

AUTO ENGANO CRENÇAS / COMPORTAMENTOS	Consigo identificar as crenças limitantes que me levam a comportamentos que dificultam minha caminhada na direção da minha meta.											
	DISCORDO PLENAMENTE	1	2	3	4	5	6	7	8	9	10	CONCORDO PLENAMENTE
	É fácil mudar as crenças que me impedem de ir em direção à minha meta no contexto atual. (concentre-se na meta principal).											
	DISCORDO PLENAMENTE	1	2	3	4	5	6	7	8	9	10	CONCORDO PLENAMENTE
	Tenho a visão clara do caminho que estou indo, me negando a ir às escuras.											
	DISCORDO PLENAMENTE	1	2	3	4	5	6	7	8	9	10	CONCORDO PLENAMENTE
	Consigo relacionar meus principais pontos fortes e fracos e não permito me auto avaliar pelos meus pontos fracos.											
	DISCORDO PLENAMENTE	1	2	3	4	5	6	7	8	9	10	CONCORDO PLENAMENTE
OUTROS ME ATRAPALHANDO MAIS QUE AJUDANDO	Nunca admito que outras pessoas, direta ou indiretamente, interfiram no meu desempenho em atingir as minhas metas traçadas.											
	DISCORDO PLENAMENTE	1	2	3	4	5	6	7	8	9	10	CONCORDO PLENAMENTE
	Não me permito culpar terceiros pelas minhas dificuldades e não invento desculpas em relação a buscar culpados para meus resultados											
	DISCORDO PLENAMENTE	1	2	3	4	5	6	7	8	9	10	CONCORDO PLENAMENTE
	Sou capaz de perceber e evitar as pessoas que estão me prejudicando para ir em direção as minhas metas.											
	DISCORDO PLENAMENTE	1	2	3	4	5	6	7	8	9	10	CONCORDO PLENAMENTE

FOCO ÚNICO	Apesar de existirem muitas prioridades, consigo percebê-las e sou disciplinado para não permitir dispersão de foco do meu objetivo na busca das minhas metas.											
	DISCORDO PLENAMENTE	1	2	3	4	5	6	7	8	9	10	CONCORDO PLENAMENTE
	Tenho realmente dedicado tempo suficiente na busca destas metas.											
	DISCORDO PLENAMENTE	1	2	3	4	5	6	7	8	9	10	CONCORDO PLENAMENTE
	Sou capaz de identificar ações e atitudes que me fortalecem, e utilizar essa percepção para ir na direção aos meus objetivos e metas.											
	DISCORDO PLENAMENTE	1	2	3	4	5	6	7	8	9	10	CONCORDO PLENAMENTE
	O percentual do meu tempo útil que tenho dedicado na direção do meu foco é realmente o suficiente para eu chegar no prazo definido.											
	DISCORDO PLENAMENTE	1	2	3	4	5	6	7	8	9	10	CONCORDO PLENAMENTE
VERGONHA OU MEDO DE PEDIR AJUDA EM DIVIDIR ANGÚSTIAS	Sempre peço ajuda a alguém e não tenho medo ou vergonha de pedir ajuda às pessoas que podem realmente me ajudar.											
	DISCORDO PLENAMENTE	1	2	3	4	5	6	7	8	9	10	CONCORDO PLENAMENTE
	Sei delegar atividades a terceiros e não me permito ser centralizador(a) das ações que me movem na direção certa.											
	DISCORDO PLENAMENTE	1	2	3	4	5	6	7	8	9	10	CONCORDO PLENAMENTE
	Consigo avaliar qual ajuda poderá ser mais preciosa para encurtar meus caminhos e sou capaz de utilizar isso como força propulsora na direção da minha meta.											
	DISCORDO PLENAMENTE	1	2	3	4	5	6	7	8	9	10	CONCORDO PLENAMENTE
	Tenho me posicionado com relação às minhas fraquezas e avaliado a intensidade e qualidade das ajudas que preciso, para tornar minha meta mais ecológica.											
	DISCORDO PLENAMENTE	1	2	3	4	5	6	7	8	9	10	CONCORDO PLENAMENTE

AÇÃO E CONHECIMENTO — ATITUDE PARA TRANSFORMAÇÃO

Tenho administrado a relação conhecimento e ação satisfatoriamente.

DISCORDO PLENAMENTE	1	2	3	4	5	6	7	8	9	10	CONCORDO PLENAMENTE

Tenho conseguido efetivamente transformar meu conhecimento em ganhos, através de atitudes na direção das transformações que desejo para alcançar minhas metas.

DISCORDO PLENAMENTE	1	2	3	4	5	6	7	8	9	10	CONCORDO PLENAMENTE

Consigo avaliar quais são os conhecimentos que me darão autoridade na busca para alcançar minha meta.

DISCORDO PLENAMENTE	1	2	3	4	5	6	7	8	9	10	CONCORDO PLENAMENTE

Minha atitude na busca da transformação tem sido positiva e confiante. Lembre-se de que conhecimento sem atitude não tem valor.

DISCORDO PLENAMENTE	1	2	3	4	5	6	7	8	9	10	CONCORDO PLENAMENTE

MENTALIDADE FIXA x TEMPO PERDIDO

Estou totalmente aberto a coisas novas, não me permitindo ser do tipo "Mentalidade Fixa" e ficar firme nas minhas propostas e convicções,

DISCORDO PLENAMENTE	1	2	3	4	5	6	7	8	9	10	CONCORDO PLENAMENTE

Não me permito ser o "Senhor Sabe Tudo" e sou capaz de avaliar métodos e propostas de redução de tempo e simplificação de tarefas, sem que isso afete meu ego.

DISCORDO PLENAMENTE	1	2	3	4	5	6	7	8	9	10	CONCORDO PLENAMENTE

Estou muito atento e não me permito criar "historinhas" para justificar o encaminhamento errático das minhas atitudes.

DISCORDO PLENAMENTE	1	2	3	4	5	6	7	8	9	10	CONCORDO PLENAMENTE

Nunca perco tempo por não admitir minhas limitações e não me permitir buscar ajuda por excesso de autossuficiência.

DISCORDO PLENAMENTE	1	2	3	4	5	6	7	8	9	10	CONCORDO PLENAMENTE

DIFICULDADE DE DIZER AEUS	Tenho facilidade para abandonar os caminhos em que estou e encontrar novos caminhos? (nunca tenho dificuldades de dizer adeus).										
	DISCORDO PLENAMENTE	1	2	3	4	5	6	7	8	9	10	CONCORDO PLENAMENTE
	Sinto que minha atuação é totalmente direcionada na eliminação de hábitos, distrações e sabotadores que me atrapalham.										
	DISCORDO PLENAMENTE	1	2	3	4	5	6	7	8	9	10	CONCORDO PLENAMENTE
	Eu já parei para pensar quais caminhos devo abandonar e quais novos caminhos irão me beneficiar e encurtar distância com relação a minha meta.										
	DISCORDO PLENAMENTE	1	2	3	4	5	6	7	8	9	10	CONCORDO PLENAMENTE
	Me permito, de forma intencional e natural a abandonar hábitos e caminhos e me ocupo em ir na busca de minhas metas.										
	DISCORDO PLENAMENTE	1	2	3	4	5	6	7	8	9	10	CONCORDO PLENAMENTE

FEC – SABOTADORES DA MUDANÇA

NOME:	DATA:
SABOTADORES DA MUDANÇA	ESTADO ATUAL
MINHA VONTADE DE MUDAR	
A META É GRANDE DEMAIS – DETALHES DO CAMINHO	
MAUS HÁBITOS GERANDO ANSIEDADE	
AUTO ENGANO, CRENÇAS E COMPORTAMENTOS	
OUTROS ME ATRAPALHANDO MAIS QUE AJUDANDO	
FOCO ÚNICO	
VERGONHA OU MEDO DE PEDIR AJUDA E DIVIDIR ANGÚSTIAS	
AÇÃO E CONHECIMENTO- ATITUDE PARA TRANSFORMAÇÃO	
MENTALIDADE FIXA	
DIFICULDADE DE DIZER ADEUS	

BASEADA EXERCICIOS DA SOCIEDADE NEUROVOX – 2022

SABOTADORES DA MUDANÇA

PLANEJAMENTO 2E – ESTRATÉGICO E EMOCIONAL

**ANEXO 2 – FEC – FERRAMENTA DE EVOLUÇÃO COMPORTAMENTAL –
ARMADILHAS DA MENTE
INSTRUÇÕES PARA PREENCHIMENTO**

Esta ferramenta está baseada em um exercício do treinamento "Autoconhecimento e Transformação" do Instituto Neurovox e seu objetivo principal é encontrar as armadilhas da mente que fazem disparar os gatilhos do sistema Rápido e que te impedem de discernir com mais clareza os caminhos estratégicos a serem escolhidos, na elaboração do seu Plano Estratégico.

Vale lembrar que carregamos conosco nossa melhor e nossa pior versão.

Recomendamos que para o preenchimento solicitado, você reflita com autorresponsabilidade, coragem, determinação e verdade representando realmente o seu sentimento e percepção, entendendo que uma indicação que não reflita seu real sentimento poderá causar um viés no resultado, levando assim, a um caminho indesejado na busca de encontrar sua melhor versão.

No questionário de apoio, indique na escala de um a dez a sua percepção quanto ao questionamento apresentado, considerando na escala o valor 1 como "Não Concordo **totalmente**" – **insatisfatório** e 10 "concordo **totalmente**" – **satisfatório**. Depois, calcule a média simples, obtida entre os elementos questionados por pilar.

Após todos os lançamentos, acesse o quadro da ferramenta gráfica, indicando à frente do pilar, o valor apontado pela média obtida em cada pilar.

O gráfico resultante indica a sua dispersão quanto aos gatilhos emocionais que te impedem de tomar uma boa decisão, permitindo identificar comportamentos e hábitos a serem aprimorados, desenvolvidos ou mesmo eliminados para o encontro com a melhor decisão estratégica, construindo sua melhor versão, fator indispensável ao desempenho em **Alta Performance**.

Bom Trabalho!

FEC – FERRAMENTA DE EVOLUÇÃO COMPORTAMENTAL
ARMADILHAS DA MENTE

Indique de zero a dez no quadro numerado, o valor que mais se aproxima do seu entendimento classificando as questões formuladas. Calcule a média e lance no gráfico de dispersão em anexo.													Média
PROCRASTINAÇÃO	Eu começo novos hábitos mais saudáveis e sempre consigo ter uma constância e dar continuidade.												
	DISCORDO PLENAMENTO	1	2	3	4	5	6	7	8	9	10	CONCORDO PLENAMENTE	
	Quando tenho algo difícil para fazer, sempre faço, nunca procrastino fazendo coisas menos importantes.												
	DISCORDO PLENAMENTO	1	2	3	4	5	6	7	8	9	10	CONCORDO PLENAMENTE	
	Eu consigo identificar o que precisa ser feito e nunca tenho dificuldades de focar na sua solução.												
	DISCORDO PLENAMENTO	1	2	3	4	5	6	7	8	9	10	CONCORDO PLENAMENTE	
FOCO E ENERGIA	Me sinto sempre animado e disposto durante todo o dia e nunca me sinto cansado antes do dia terminar.												
	DISCORDO PLENAMENTO	1	2	3	4	5	6	7	8	9	10	CONCORDO PLENAMENTE	
	Consigo manter o foco naquilo que precisa ser feito e não me distraio do objetivo a ser alcançado.												
	DISCORDO PLENAMENTO	1	2	3	4	5	6	7	8	9	10	CONCORDO PLENAMENTE	
	Sinto que tenho foco e energia suficiente para realizar tudo que gostaria na minha vida.												
	DISCORDO PLENAMENTO	1	2	3	4	5	6	7	8	9	10	CONCORDO PLENAMENTE	

PLANEJAMENTO 2E – ESTRATÉGICO E EMOCIONAL

MATURIDADE EMOCIONAL

Não permito que minhas emoções atrapalhem o meu dia mais do que eu gostaria.

DISCORDO PLENAMENTE	1	2	3	4	5	6	7	8	9	10	CONCORDO PLENAMENTE

Tenho total controle quanto gostaria da minha vida emocional e não permito me abater emocionalmente.

DISCORDO PLENAMENTE	1	2	3	4	5	6	7	8	9	10	CONCORDO PLENAMENTE

Nunca permito que minhas emoções dificultem ou interfiram nos meus objetivos de vida.

DISCORDO PLENAMENTE	1	2	3	4	5	6	7	8	9	10	CONCORDO PLENAMENTE

ESTABILIDADE EMOCIONAL

Nunca permito que meu trabalho interfira no equilíbrio entre minha vida pessoal e profissional.

DISCORDO PLENAMENTE	1	2	3	4	5	6	7	8	9	10	CONCORDO PLENAMENTE

Se eu não estiver motivado(a) consigo superar todas as dificuldade e mesmo assim fazer o que precisa ser feito.

DISCORDO PLENAMENTE	1	2	3	4	5	6	7	8	9	10	CONCORDO PLENAMENTE

Consigo identificar coisas que estão fora do meu controle e não permito que elas interfiram emocionalmente nas minhas decisões.

DISCORDO PLENAMENTE	1	2	3	4	5	6	7	8	9	10	CONCORDO PLENAMENTE

CÉREBRO PREPARADO

Qual frequência pratica atividades físicas (duas casas para cada dia que pratica durante a semana).

2 para 1 dia e 4 para 2 dias e 6 para 3 dias	1	2	3	4	5	6	7	8	9	10	8 para 4 dias e 10 para 5 dias ou mais

Qual frequência você tem alimentação saudável em todas as refeições (duas casas para cada dia que alimenta de forma saudável durante a semana).

2 para 1 dia e 4 para 2 dias e 6 para 3 dias	1	2	3	4	5	6	7	8	9	10	8 para 4 dias e 10 para 5 dias ou mais

Com qual frequência você sente que dorme bem (duas casas para cada dia que dorme bem durante a semana).

2 para 1 dia e 4 para 2 dias e 6 para 3 dias	1	2	3	4	5	6	7	8	9	10	8 para 4 dias e 10 para 5 dias ou mais

COMUNICAÇÃO / PERSUASÃO

Sinto que é fácil expressar minhas idéias com clareza e ser compreendido nas minhas relações pessoal e profissional.

DISCORDO PLENAMENTE	1	2	3	4	5	6	7	8	9	10	CONCORDO PLENAMENTE

Sinto que é fácil persuadir as pessoas a concordarem com meus pontos de vista.

DISCORDO PLENAMENTE	1	2	3	4	5	6	7	8	9	10	CONCORDO PLENAMENTE

Sou capaz de mostrar meu potencial para outras pessoas de forma clara, sem arrogância ou sentimento de superioridade.

DISCORDO PLENAMENTE	1	2	3	4	5	6	7	8	9	10	CONCORDO PLENAMENTE

PLANEJAMENTO 2E – ESTRATÉGICO E EMOCIONAL

PASSIVIDADE PROFISSIONAL	Tenho conseguido alcançar meus objetivos profissionais e me sinto plenamente realizado profissionalmente.											
	DISCORDO PLENAMENTO	1	2	3	4	5	6	7	8	9	10	CONCORDO PLENAMENTE
	Consigo me destacar no meio profissional de forma natural e sou frequentemente elogiado pelas pessoas do meu relacionamento.											
	DISCORDO PLENAMENTO	1	2	3	4	5	6	7	8	9	10	CONCORDO PLENAMENTE
	Sinto que estou plenamente realizado na minha vida profissional, nada mais almejando em termos de realização profissional.											
	DISCORDO PLENAMENTO	1	2	3	4	5	6	7	8	9	10	CONCORDO PLENAMENTE

ELABORADO POR JOSE RICARDO RODRIGUES – MASTER COACH – BASEADA NA FERRAMENTA "ARMADILHAS DA MENTE" DA SOCIEDADE NEUROVOX – 2022

ARMADILHAS D MENTE	ESTADO ATUAL
PROCRASTINAÇÃO	
FOCO E ENERGIA	
MATURIDADE EMOCIONAL	
ESTABILIDADE EMOCIONAL	
CÉREBRO PREPARADO	
COMUNICAÇÃO / PERSUAÇÃO INEFICAZ	
PASSIVIDADE PROFISSIONAL	

BASEADA NA FERRAMENTA "ARMADILHAS DA MENTE" DA SOCIEDADE NEUROVOX – 2022

FECS – ARMADILHAS DA MENTE

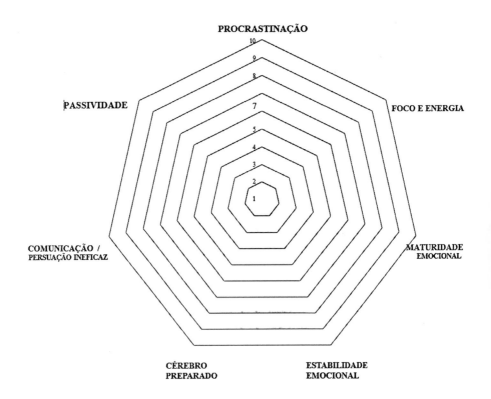

ANEXO 3 – FEC – FERRAMENTA DE EVOLUÇÃO COMPORTAMENTAL – INTELIGÊNCIA EMOCIONAL
INSTRUÇÕES DE PREENCHIMENTO

Esta ferramenta de Coaching Integral Sistêmico está baseada na Roda da Vida, criada em 1960 por Paul J. Meyer. Ele combinou Motivação e Persistência na busca do equilíbrio sistêmico dos principais componentes na construção de uma vida em Plenitude. Baseamos ainda, na Teoria apresentada no Livro Inteligência Emocional, escrito em 1994, de Daniel Goleman para adaptar os pilares que nos proporcionam uma provocação para irmos de encontro ao nosso autoconhecimento, buscando o desenvolvimento da Inteligência Emocional.

Vale lembrar que carregamos conosco nossa melhor e nossa pior versão.

Recomendamos que para o preenchimento solicitado, você reflita com autorresponsabilidade, coragem, determinação e verdade representando realmente o seu sentimento e percepção, entendendo que uma indicação que não reflita seu real sentimento poderá causar um viés no resultado, levando assim, a um caminho indesejado na busca de encontrar sua melhor versão.

Na planilha de apoio, indique na escala de um a dez a sua percepção quanto ao questionamento apresentado.

Após todos os lançamentos, acesse o quadro da ferramenta gráfica, indicando à frente do pilar, o valor apontado na escala do quadro de apoio.

O gráfico resultante indica a sua dispersão quanto ao equilíbrio Integral e Sistêmico nos Pilares representados pelos Fatores Estratégicos Críticos de Sucesso – FECS, que permitirão identificar comportamentos e hábitos a serem aprimorados, desenvolvidos ou mesmo eliminados para o desenvolvimento de sua Inteligência Emocional, que te remeterá à sua melhor versão.

Bom Trabalho!

FEC – FERRAMENTA DE EVOLUÇÃO COMPORTAMENTAL INTELIGÊNCIA EMOCIONAL

Indique de zero a dez no quadro numerado, a melhor representação do seu estado atual quanto às perguntas formuladas.

COACHEE:												DATA:

AUTO PERCEPÇÃO

AUTOESTIMA: Quanto você valoriza seus pontos fortes e fraqueza, se respeita, compreende e não permite que sua vulnerabilidade afete sua autoconfiança?

Minha vulnerabilidade me afeta muito	1	2	3	4	5	6	7	8	9	10	Tenho total autoconfiança

AUTOREALIZAÇÃO: O quanto você tem vontade de evoluir de forma contínua e de se envolver na busca de objetivos pessoais relevantes e significativos de forma a compreender melhor seu potencial?

Não planejo minha evolução	1	2	3	4	5	6	7	8	9	10	Tenho muitos planos de me autorrealizar

CONSCIÊNCIA EMOCIONAL: O quanto você é capaz de reconhecer e compreender suas próprias emoções e se sentir no controle, ou seja: você é capaz de conseguir avançar e recuar percebendo suas emoções e sentimentos?

Sou muito impulsivo quando afloram emoções	1	2	3	4	5	6	7	8	9	10	Tenho total controle das minhas emoções

AUTOEXPRESSÃO

EXPRESSÃO EMOCIONAL: O quanto você é capaz de expressar abertamente seus sentimentos verbal e não verbalmente e o quanto as pessoas do seu convívio percebem com clareza suas emoções e sentimentos de aprovação e não aprovação?

Muito pouco ou quase nada	1	2	3	4	5	6	7	8	9	10	Muito positivamente

ASSERTIVIDADE: O quanto você é capaz de comunicar sentimentos, crenças e pensamentos abertamente e defender os direitos e valores pessoais de uma forma socialmente aceitável, não ofensiva ou não destrutiva ou você se torna arrogante e agressivo quando contrariado?

Muito pouco ou quase nada	1	2	3	4	5	6	7	8	9	10	Muito positivamente

INDEPENDÊNCIA: Quanto a sua tomada de decisão, o planejamento e as tarefas diárias, são concluídas de forma autônoma ou mesmo contrariado você busca concluí-las (ou procrastiná-las para evitar conflitos). Você é livre para tomar suas decisões?

Muito pouco ou quase nada	1	2	3	4	5	6	7	8	9	10	Muito positivamente

INTERPESSOALIDADE	**RELACIONAMENTO INTERPESSOAL:** Quanto você tem habilidade de desenvolver e manter relações mutuamente satisfatórias que são caracterizadas por confiança e compaixão ?												
	Não me preocupo com isso	1	2	3	4	5	6	7	8	9	10	Tenho muita habilidade e relações satisfatórias	
	EMPATIA: O quanto você tem sido capaz de se relacionar com os outros sem julgamentos, cobranças e sentindo compaixão pelas suas escolhas?												
	Muito pouco ou quase nada	1	2	3	4	5	6	7	8	9	10	Muito positivamente	
	RESPONSABILIDADE SOCIAL: Quanto a sua Responsabilidade Social consiste em agir de forma responsável, tendo consciência social e demonstrando preocupação com a comunidade maior, sendo capaz de contribuir voluntariamente com a Sociedade, com os outros e com os Grupos Sociais de seu convívio?												
	Contribuo muito pouco ou quase nada	1	2	3	4	5	6	7	8	9	10	Contribuo muito positivamente	
TOMADA DE DECISÃO	**SOLUÇÃO DE PROBLEMAS:** O quanto você é capaz de encontrar soluções para problemas em situações às quais as emoções estão envolvidas, de forma equilibrada ou seja, o quanto você consegue entender que a solução de problemas inclui a habilidade de entender como as emoções causam impacto na tomada de decisões?												
	Emoções me dominam na tomada de decisão	1	2	3	4	5	6	7	8	9	10	Tenho controle das minhas emoções	
	TESTE DE REALIDADE: Quanto suas atitudes estão bem equilibradas entre o passado, o presente e o futuro, ou o passado ou o futuro te tomam mais tempo que o presente. Você tem se mantido conectado à realidade e vendo as coisas como elas são, e assim, evitando fugir da realidade, no seu dia a dia?												
	Passado e Futuro me consomem	1	2	3	4	5	6	7	8	9	10	Foco muito no presente no meu dia a dia	
	CONTROLE DE IMPULSOS: Quanto consegue evitar comportamentos e tomadas de decisão imprudentes e inconsequentes, capaz de te fazer arrepender e assim, ser capaz de evitar atitudes impensadas e que que produzam arrependimentos futuros?												
	Me arrependo com muita frequência	1	2	3	4	5	6	7	8	9	10	Nunca arrependo dos meus comportamentos	

GERENCIAMENTO DO ESTRESSE												
FLEXIBILIDADE: Quanto um novo caminho te assusta ou o quanto você é apegado e tem dificuldade para novas oportunidades na vida pessoal e profissional, tendo capacidade de adaptar emoções, pensamentos e comportamentos às circunstâncias ou ideias desconhecidas, imprevisíveis e dinâmicas deste novo caminho?												
Resisto muito a inovações	1	2	3	4	5	6	7	8	9	10	**Sou muito motivado por novos desafios**	
TOLERÂNCIA AO ESTRESSE: O quanto você tem sido capaz de servir, desenvolvendo ações que resultaram em algo capaz de tornar o mundo algo melhor?												
Contribuir para o mundo me assusta	1	2	3	4	5	6	7	8	9	10	**Faço tudo para tornar o mundo melhor**	
OTIMISMO: Quanto você se envolve e permanece esperançoso e resiliente, mesmo diante de eventuais contratempos, entendendo que o mundo te oferece aquilo que você merece e tirando aprendizado de todas as situações, mesmo na adversidade.(ou desiste e se conforma com as situações impostas)?												
Desisto frequentemente frente a dificuldades	1	2	3	4	5	6	7	8	9	10	**Nunca desisto de ir na direção do meu foco**	

PLANEJAMENTO 2E – ESTRATÉGICO E EMOCIONAL

FEC – FERRAMENTA DE EVOLUÇÃO COMPORTAMENTAL INTELIGÊNCIA EMOCIONAL		
	BUSCANDO A PLENITUDE DA VIDA	ESTADO ATUAL
AUTOPERCEPÇÃO	AUTOESTIMA	
	AUTOREALIZAÇÃO	
	CONSCIÊNCIA EMOCIONAL	
AUTOEXPRESSÃO	EXPRESSÃO EMOCIONAL	
	ASSERTIVIDADE	
	INDEPENDÊNCIA	
INTERPESSOAL	RELAÇÕES INTERPESSOAIS	
	EMPATIA	
	RESPONSABILIDADE SOCIAL	
TOMADA DE DECISÃO	SOLUÇÃO DE PROBLEMAS	
	TESTE DE REALIDADE	
	CONTROLE DOS IMPULSOS	
GERENCIAMENTO DO ESTRESSE	FLEXIBILIDADE	
	TOLERÂNCIA AO ESTRESSE	
	OTIMISMO	

ESTE GRÁFICO APRESENTA A DISPERSÃO NA BUSCA DO EQUÍLIBRIO ENTRE OS PILARES QUE REPRESENTAM A INTELIGÊNCIA EMOCIONAL